그림으로
쉽게 배우는

알파벳
A~Z까지

초등 필수
영단어
900

교육부
지정

C.H. 영어연구회(윤영화) 지음
이규승·이승원 감수

특별부록
알파벳
카드

창
Chang
Books

그림으로 쉽게 배우는

초등 필수
영단어
900

초판 1쇄 발행 | 2021년 12월 15일
초판 2쇄 발행 | 2022년 01월 15일
지은이 | C.H. 영어연구회(윤영화)
감수자 | 이규승, 이승원
펴낸곳 | 도서출판 창
펴낸이 | 이규인
등록번호 | 제15-454호
등록일자 | 2004년 3월 25일
주소 | 서울특별시 마포구 대흥로4길 49, 1층(용강동 월명빌딩)
전화 | (02) 322-2686, 2687
팩스 | (02) 326-3218
홈페이지 | http://www.changbook.co.kr
e-mail | changbook1@hanmail.net
ISBN 978-89-7453-475-2   63740
정가 | 23,000원

첫째 알파벳에 대하여 알아볼까요?

영어의 기초 문자인 알파벳은 대문자 26개와 소문자 26의 총 52개로 구성되어 있습니다. 영어 알파벳도 한글과 마찬가지로 쓰는 순서를 바르게 가르쳐 주면 왕초보자도 쓰기 연습을 통해 알파벳을 쉽고 바르게 익힐 수 있습니다.

둘째 알파벳은 어떻게 배울까요?

처음 영어를 시작하는 사람들은 무작정 따라 쓰기만 하면 영어에 대한 학습이 지루해질 수 있습니다. 그러므로 싫증이 나지 않고 재미있게 끝까지 공부할 수 있도록 A부터 Z까지 알파벳순으로 문자를 차근차근 읽고 쓰는 방법이 좋습니다.

셋째 기억력을 높이는 영단어 학습!

알파벳 대문자와 소문자의 쓰는 연습이 끝난 다음에는 기초 영단어부터 읽고 쓰면서 공부합니다. 직접 쓰면서 익히면 두뇌활동이 활발해져서 인지력과 기억력이 높아질 뿐만 아니라 학습효과도 높아집니다.
이 책에 담긴 다양한 학습방법과 함께 표현된 귀여운 그림을 보며 단어를 익히다 보면 어느새 영단어의 기초가 탄탄해짐을 느낄 수 있을 겁니다.

넷째 매일 필수 영단어를 읽고 쓰면 자신감이 두배 상승!

영단어 쓰기공부는 한꺼번에 많이 쓰는 것보다 매일 꾸준히 쓰는 게 단어를 익히는 데 더욱 효과적입니다. 이 책의 실용편에 실린 영단어는 교육부 지정 필수 초등영단어입니다. 또한 교과서 내용의 주제별로 되어 있어 학습에 많은 도움이 될 것입니다. 그리고 중학교에 가기 전에 마쳐야 하는 학습이므로 열심히 공부하면 큰 도움이 될 것입니다.

이 책을 이렇게 활용하세요!

대문자와 소문자 A부터 Z까지 알파벳 52가지를 따라 쓰는 순서부터 알파벳순으로 정리한 기초 영어 단어를 한 권에 담았습니다. 처음 영어를 시작하는 아이들이 부담없이 따라 쓰며 쉽고 재미있게 기초를 쌓을 수 있도록 구성했습니다.

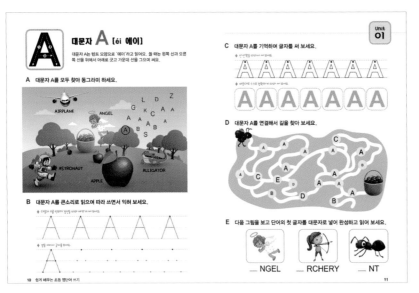

알파벳 대문자 익히기

글자 쓰는 법을 보면서 대문자 A~Z까지 따라 써 보세요. 순서에 맞게 크게 한 번, 작게 한 번 써 보면서 글자와 모양을 익히도록 충분히 연습합니다. 이때 시작하는 점과 끝나는 점을 따라 정확하게 쓸 수 있도록 연습합니다.

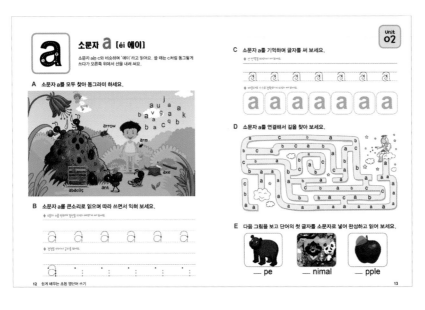

알파벳 소문자 익히기

글자 쓰는 법을 보면서 소문자 a~z까지 따라 써 보세요. 순서에 맞게 크게 한 번, 작게 한 번 써 보면서 글자와 모양을 익히도록 충분히 연습합니다. 이때 시작하는 점과 끝나는 점을 따라 정확하게 쓸 수 있도록 연습합니다.

재미있게 연습하기 & 즐거운 알파벳 퀴즈

앞에서 익힌 알파벳을 확인할 수 있는 알파벳 글자와 단어를 게임을 통해 재미있게 익혀 보세요. 해당하는 그림의 알파벳을 찾아 줄을 잇거나 빈 칸을 채우거나 영어단어의 스펠링을 올바르게 다시 나열해 보세요.

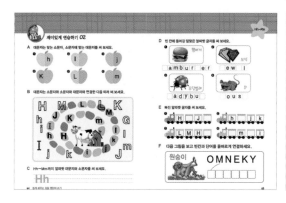

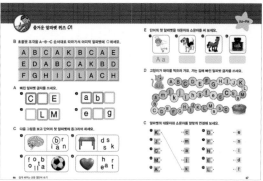

영어 단어 따라 쓰기

알파벳 A~Z로 시작하는 영어 단어를 따라 써 보세요. A~Z까지 알파벳 순서로 단어들이 나열되어 있어요. 그림을 보면서 기본적인 영어 단어를 익히면서 해당 하는 줄에 맞춰서 예쁘게 따라 써 보세요.

알파벳 영어 차트

대문자 A~Z와 소문자 a~z까지 알파벳 차트를 수록 해 놓았어요. 책에서 분리해서 잘 보이는 곳에 두 고 수시로 읽고 써 보세요.

알파벳 카드

대문자 A~Z까지, 소문자 a~z까지 알파벳 카드와 재미있게 활용하는 방법을 수록하여 알파벳을 익히 도록 하였습니다.

차례

머리말 ·················· 03
이 책의 구성 ·········· 04
알파벳 익히기 ········· 06

Part 01 ★ 알파벳 입문편

알파벳 대문자 A ·········· 10

알파벳 소문자 a ·········· 12

알파벳 대문자 B ·········· 14

알파벳 소문자 b ·········· 16

알파벳 대문자 C ·········· 18

알파벳 소문자 c ·········· 20

알파벳 대문자 D ·········· 22

알파벳 소문자 d ·········· 24

알파벳 대문자 E ·········· 26

알파벳 소문자 e ·········· 28

알파벳 대문자 F ·········· 30

알파벳 소문자 f ·········· 32

알파벳 대문자 G ·········· 34

알파벳 소문자 g ·········· 36

재미있게 연습하기 1 ········· 38

알파벳 대문자 H ········· 40

알파벳 소문자 h ········· 42

알파벳 대문자 I ·········· 44

알파벳 소문자 i ·········· 46

알파벳 대문자 J ·········· 48

알파벳 소문자 j ·········· 50

알파벳 대문자 K ·········· 52

알파벳 소문자 k ·········· 54

알파벳 대문자 L ·········· 56

알파벳 소문자 l ………… 58

알파벳 대문자 M ………… 60

알파벳 소문자 m ………… 62

재미있게 연습하기 2 ……… 64

즐거운 알파벳 퀴즈 1 ……… 66

알파벳 대문자 N ………… 68

알파벳 소문자 n ………… 70

알파벳 대문자 O ………… 72

알파벳 소문자 o ………… 74

알파벳 대문자 P ………… 76

알파벳 소문자 p ………… 78

알파벳 대문자 Q ………… 80

알파벳 소문자 q ………… 82

알파벳 대문자 R ………… 84

알파벳 소문자 r ………… 86

알파벳 대문자 S ………… 88

알파벳 소문자 s ………… 90

알파벳 대문자 T ………… 92

알파벳 소문자 t ………… 94

재미있게 연습하기 3 ……… 96

알파벳 대문자 U ………… 98

알파벳 소문자 u ………… 100

알파벳 대문자 V ………… 102

알파벳 소문자 v ………… 104

알파벳 대문자 W ………… 106

알파벳 소문자 w ………… 108

알파벳 대문자 X ………… 110

알파벳 소문자 x ………… 112

알파벳 대문자 Y ………… 114

알파벳 소문자 y ………… 116

알파벳 대문자 Z ………… 118

알파벳 소문자 z ………… 120

재미있게 연습하기 4 ……… 122

즐거운 알파벳 퀴즈 2 ……… 124

알파벳 카드 놀이 ………… 126

Part 02 ★ 초등 필수 영단어 900 실용편

1-2학년 ………… 146

3-4학년 ………… 176

5-6학년 ………… 206

알파벳 익히기

★ 알파벳을 큰소리로 읽어보세요.

A a 에이	**B b** 비-	**C c** 씨-	**D d** 디-
E e 이-	**F f** 에프	**G g** 쥐-	**H h** 에이치
I i 아이	**J j** 제이	**K k** 케이	**L l** 엘
M m 엠	**N n** 엔	**O o** 오우	**P p** 피-
Q q 큐-	**R r** 아-	**S s** 에스	**T t** 티-
U u 유-	**V v** 뷔-	**W w** 더블유-	**X x** 엑스
Y y 와이	**Z z** 지-		

Part 1

알파벳
입문편

대문자 A [éi 에이]

대문자 A는 텐트 모양으로 '에이'라고 읽어요. 쓸 때는 왼쪽 선과 오른쪽 선을 위에서 아래로 긋고 가운데 선을 그으며 써요.

A 대문자 A를 모두 찾아 동그라미를 하세요.

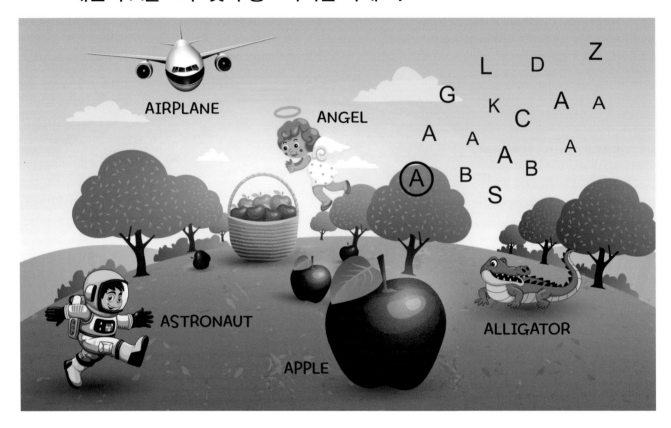

B 대문자 A를 큰소리로 읽으며 따라 쓰면서 익혀 보세요.

◆ 대문자 A를 익히며 점선을 따라 예쁘게 써 보세요.

◆ 점을 이어서 글자를 써 보세요.

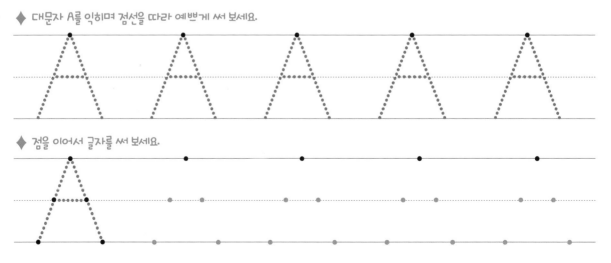

C 대문자 A를 기억하며 글자를 써 보세요.

◆ 선 안쪽을 따라서 써 보세요.

◆ 배운 대로 스스로 정확하게 따라 써 보세요.

A A A A A A A

D 대문자 A를 연결해서 길을 찾아 보세요.

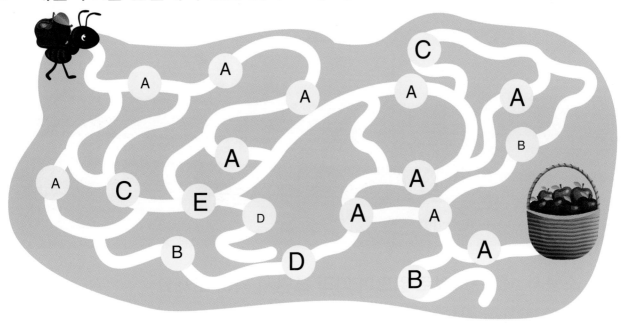

E 다음 그림을 보고 단어의 첫 글자를 대문자로 넣어 완성하고 읽어 보세요.

＿ NGEL   ＿ RCHERY   ＿ NT

소문자 a [éi 에이]

소문자 a는 c와 비슷하며 '에이'라고 읽어요. 쓸 때는 c처럼 동그랗게 쓰다가 오른쪽 위에서 선을 내려 써요.

A 소문자 a를 모두 찾아 동그라미 하세요.

B 소문자 a를 큰소리로 읽으며 따라 쓰면서 익혀 보세요.

♦ 소문자 a를 익히며 점선을 따라 예쁘게 써 보세요

♦ 점점을 이어서 글자를 써 보세요.

C 소문자 a를 기억하며 글자를 써 보세요.

◆ 선 안쪽을 따라서 써 보세요.

a a a a a a a

◆ 배운 대로 스스로 정확하게 따라 써 보세요.

a a a a a a a

D 소문자 a를 연결해서 길을 찾아 보세요.

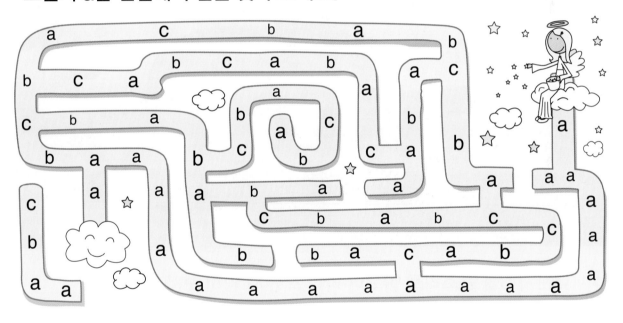

E 다음 그림을 보고 단어의 첫 글자를 소문자로 넣어 완성하고 읽어 보세요.

＿ pron   ＿ nimal   ＿ pple

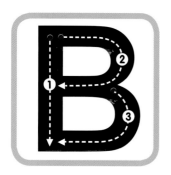

대문자 B [bi: 비-]

대문자 B는 '비-'라고 읽어요. 쓸 때는 먼저 직선을 긋고 두 개의 작은 곡선을 연속해서 그리듯이 연필을 떼지 않고 한 번에 써요.

A 대문자 B를 쓰는 순서대로 따라 쓰며 배워 보세요.

B 대문자 B를 큰소리로 읽으며 따라 쓰면서 익혀 보세요.

◆ 대문자 B를 익히며 점선을 따라 예쁘게 써 보세요

B B B B B B

◆ 점을 이어서 글자를 써 보세요.

B

C 대문자 B를 기억하며 글자를 써 보세요.

◆ 선 안쪽을 따라서 써 보세요.

◆ 배운 대로 스스로 정확하게 따라 써 보세요.

B B B B B B B

D 대문자 B를 연결해서 길을 찾아 보세요.

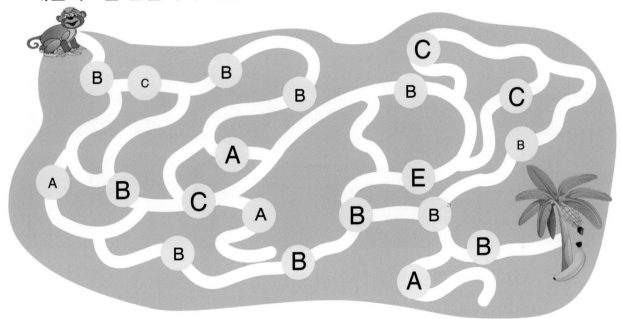

E 다음 그림을 보고 단어의 첫 글자를 넣어 단어를 완성해 보세요.

__ IKE   __ ANANA   __ UTTERFLY

소문자 b [bi: 비-]

소문자 b는 '비-'라고 읽어요. 쓸 때는 아래로 긴 직선을 긋고 연필을
떼지 않고 직선 옆으로 작은 동그라미를 그려주듯 써요.

A 소문자 b를 쓰는 순서대로 따라 쓰며 배워 보세요.

B 소문자 b를 큰소리로 읽으며 따라 쓰면서 익혀 보세요.

◆ 소문자 b를 익히며 점선을 따라 예쁘게 써 보세요

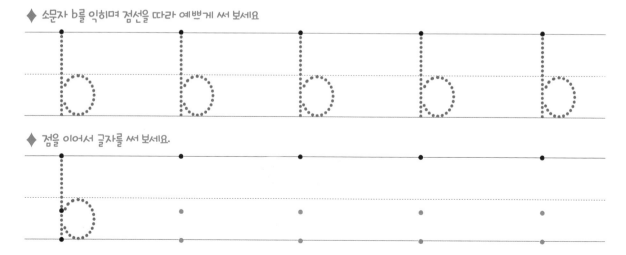

◆ 점을 이어서 글자를 써 보세요.

C 소문자 b를 기억하며 글자를 써 보세요.

♦ 선 안쪽을 따라서 써 보세요.

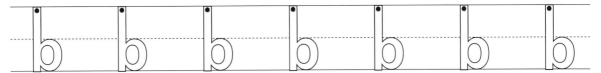

♦ 배운 대로 스스로 정확하게 따라 써 보세요.

D 소문자 b를 연결해서 길을 찾아 보세요.

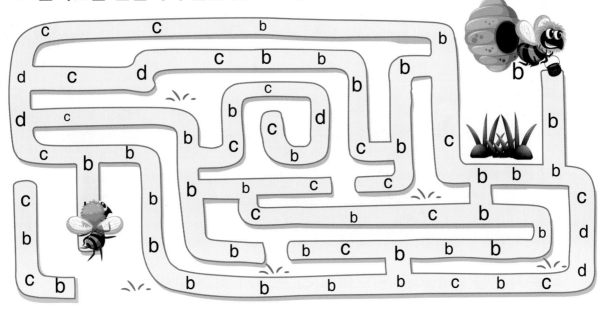

E 다음 그림을 보고 단어의 첫 글자를 소문자로 넣어 완성하고 읽어 보세요.

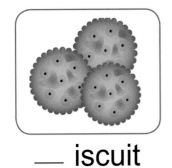

__ iscuit   __ ear   __ ee

대문자 C [si: 씨-]

대문자 C는 '씨-'라고 읽어요. 쓸 때는 왼쪽으로 원을 그리듯이 둥근 곡선을 한 번에 써요.

A 대문자 C를 쓰는 순서대로 따라 쓰며 배워 보세요.

B 대문자 C를 큰소리로 읽으며 따라 쓰면서 익혀 보세요.

◆ 대문자 C를 익히며 점선을 따라 예쁘게 써 보세요

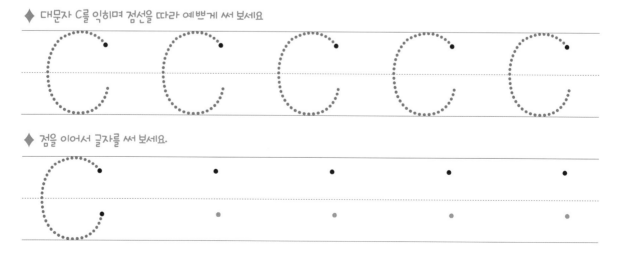

◆ 점을 이어서 글자를 써 보세요.

C 대문자 C를 기억하며 글자를 써 보세요.

◆ 선 안쪽을 따라서 써 보세요.

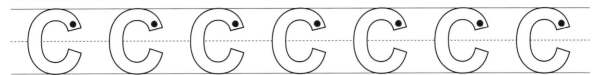

◆ 배운 대로 스스로 정확하게 따라 써 보세요.

D 대문자 C를 연결해서 길을 찾아 보세요.

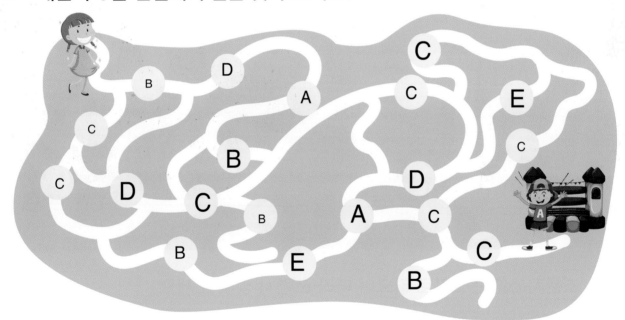

E 다음 그림을 보고 단어의 첫 글자를 넣어 단어를 완성해 보세요.

＿ AT   ＿ AKE   ＿ HAIR

소문자 C [si: 씨-]

소문자 c는 대문자 C와 같은 모양으로 '씨-'라고 읽어요. 쓸 때는 대문자 C 글자의 크기를 반으로 줄여 아래칸에 맞춰서 왼쪽으로 원을 그리듯이 둥근 곡선을 한 번에 써요.

A 소문자 c를 모두 찾아서 동그라미 하세요.

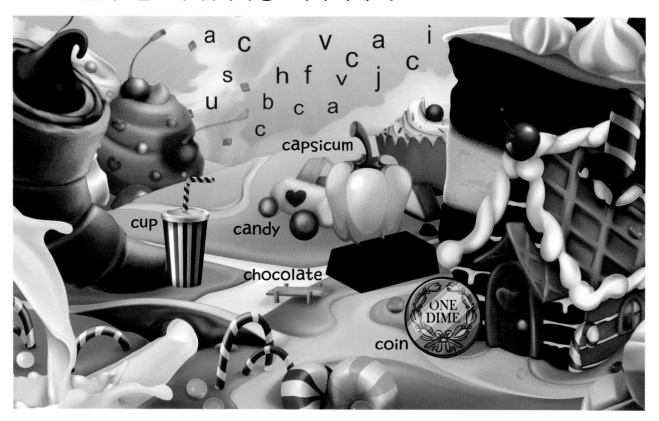

B 소문자 c를 큰소리로 읽으며 따라 쓰면서 익혀 보세요.

◆ 소문자 c를 익히며 점선을 따라 예쁘게 써 보세요

◆ 점을 이어서 글자를 써 보세요.

C 소문자 c를 기억하며 글자를 써 보세요.

◆ 선 안쪽을 따라서 써 보세요.

C C C C C C C

◆ 배운 대로 스스로 정확하게 따라 써 보세요.

C C C C C C C

D 소문자 c를 연결해서 길을 찾아 보세요.

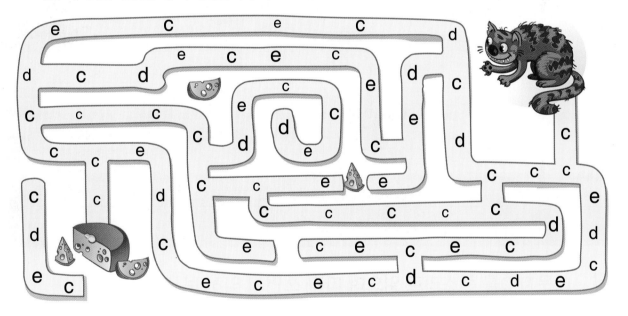

E 다음 그림을 보고 단어의 첫 글자를 소문자로 넣어 완성하고 읽어 보세요.

__ ow   __ rown   __ abbage

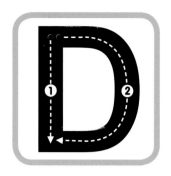

대문자 D [di: 디-]

대문자 D는 '디-'라고 읽어요. 쓸 때는 먼저 긴 직선을 그리고 직선 위에서부터 아래까지 반원 모양의 큰 곡선을 그려 이어 주며 써요.

A 대문자 D를 모두 찾아서 동그라미 하세요.

B 대문자 D를 큰소리로 읽으며 따라 쓰면서 익혀 보세요.

◆ 대문자 D를 익히며 점선을 따라 예쁘게 써 보세요

D D D D D

◆ 점을 이어서 글자를 써 보세요.

D

C 대문자 D를 기억하며 글자를 써 보세요.

♦ 선 안쪽을 따라서 써 보세요.

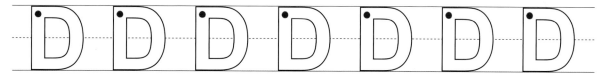

♦ 배운 대로 스스로 정확하게 따라 써 보세요.

D 대문자 D를 연결해서 길을 찾아 보세요.

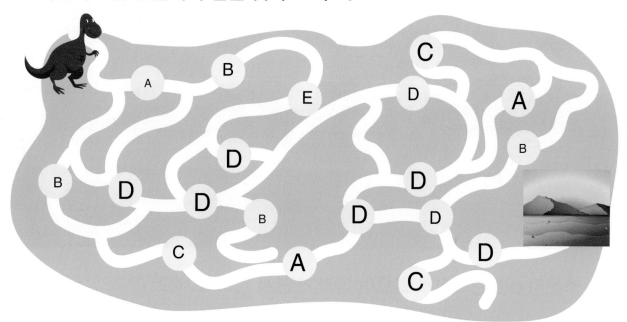

E 다음 그림을 보고 단어의 첫 글자를 넣어 단어를 완성해 보세요.

    __ UCK   __ OG   __ ICE

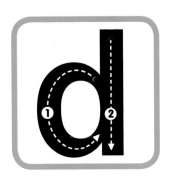

소문자 d [di: 디-]

소문자 d는 '디-'라고 읽어요. 쓸 때는 왼쪽 아래칸에 c처럼 동그랗게 원을 그리고 옆으로 선을 위로 이어 쓴 후 긴 직선을 아래로 그으며 연필을 떼지 않고 그려주듯 써요.

A 소문자 d를 모두 찾아서 동그라미 하세요.

B 소문자 d를 큰소리로 읽으며 따라 쓰면서 익혀 보세요.

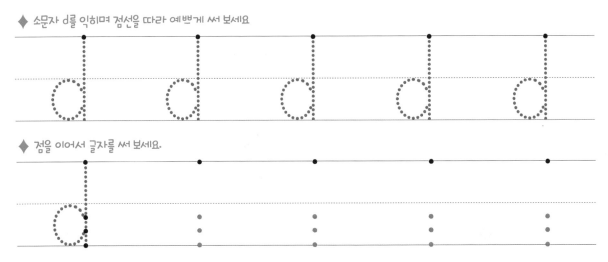

◆ 소문자 d를 익히며 점선을 따라 예쁘게 써 보세요

◆ 점을 이어서 글자를 써 보세요.

C 소문자 d를 기억하며 글자를 써 보세요.

◆ 선 안쪽을 따라서 써 보세요.

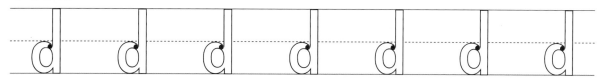

◆ 배운 대로 스스로 정확하게 따라 써 보세요.

D 소문자 d를 연결해서 길을 찾아 보세요.

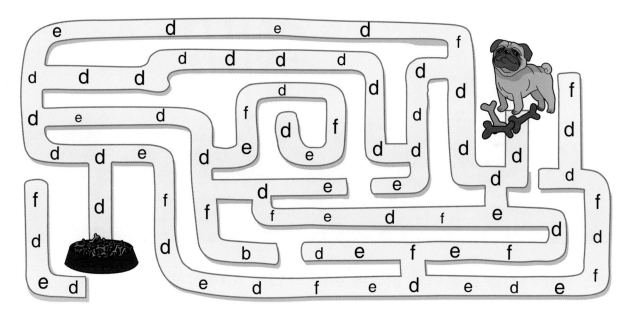

E 다음 그림을 보고 단어의 첫 글자를 소문자로 넣어 완성하고 읽어 보세요.

 __ ance

 __ inosaur

 __ essert

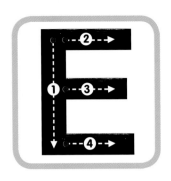

대문자 E [i: 이-]

대문자 E는 '이-'라고 읽어요. 쓸 때는 직선을 위에서 아래로 그은 다음 연필을 떼고 옆으로 위부터 차례로 세 개의 선을 그어 써요.

A 대문자 E를 모두 찾아서 동그라미 하세요.

B 대문자 E를 큰소리로 읽으며 따라 쓰면서 익혀 보세요.

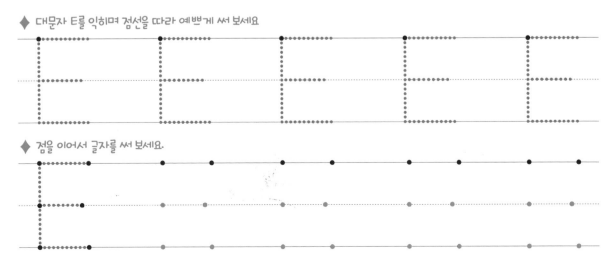

◆ 대문자 E를 익히며 점선을 따라 예쁘게 써 보세요

◆ 점을 이어서 글자를 써 보세요.

C 대문자 E를 기억하며 글자를 써 보세요.

◆ 선 안쪽을 따라서 써 보세요

E E E E E E E

◆ 배운 대로 스스로 정확하게 따라 써 보세요.

E E E E E E E

D 대문자 E를 연결해서 길을 찾아 보세요.

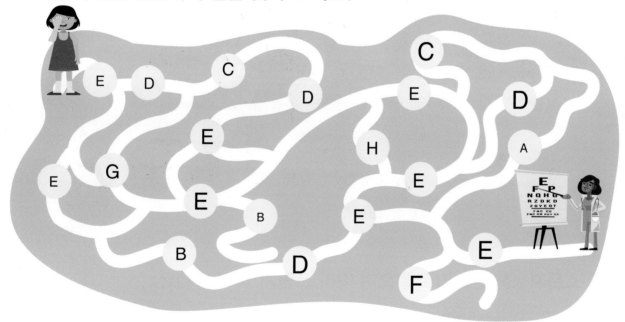

E 다음 그림을 보고 단어의 첫 글자를 넣어 단어를 완성해 보세요.

＿ MAIL　　＿ LEPHANT　　＿ GGPLANT

소문자 e [i: 이-]

소문자 e는 '이-'라고 읽어요. 쓸 때는 먼저 옆으로 선을 그은 다음 연필을 떼지 않고 위로 고리모양으로 부드럽게 원을 그리듯 써요.

A 소문자 e를 모두 찾아서 동그라미 하세요.

B 소문자 e를 큰소리로 읽으며 따라 쓰면서 익혀 보세요.

◆ 소문자 e를 익히며 점선을 따라 예쁘게 써 보세요

◆ 점을 이어서 글자를 써 보세요.

C 소문자 e를 기억하며 글자를 써 보세요.

♦ 선 안쪽을 따라서 써 보세요.

e   e   e   e   e   e   e

♦ 배운 대로 스스로 정확하게 따라 써 보세요.

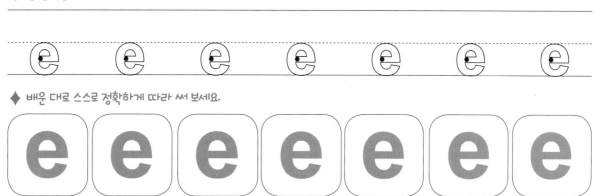

e   e   e   e   e   e   e

D 소문자 e를 연결해서 길을 찾아 보세요.

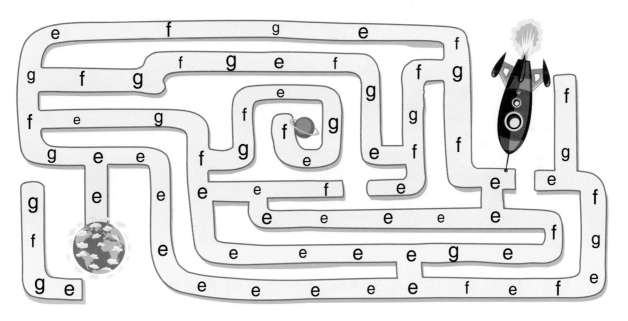

E 소문자 e를 넣어 단어를 완성해 보세요.

— at   — gg   — ye

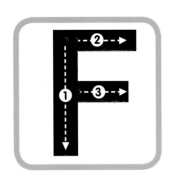

대문자 F [ef 에프]

대문자 F는 대문자 E와 비슷한 모양으로 '에프'라고 읽어요. 쓸 때 직선을 위에서 아래로 그은 다음 연필을 떼고 옆으로 위와 가운데 칸에 두 개의 직선을 그어 써요.

A 대문자 F를 모두 찾아서 동그라미 하세요.

B 대문자 F를 큰소리로 읽으며 따라 쓰면서 익혀 보세요.

◆ 대문자 F를 익히며 점선을 따라 예쁘게 써 보세요.

◆ 점을 이어서 글자를 써 보세요.

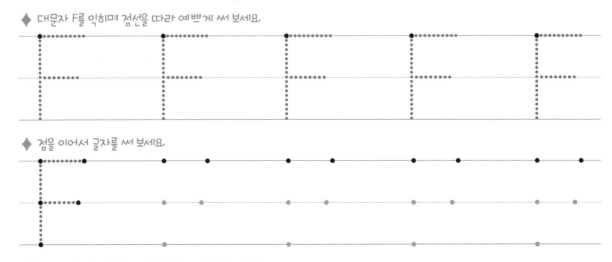

C 대문자 F를 기억하며 글자를 써 보세요.

◆ 선 안쪽을 따라서 써 보세요.

F F F F F F F

◆ 배운 대로 스스로 정확하게 따라 써 보세요.

F F F F F F F

D 대문자 F를 연결해서 길을 찾아 보세요.

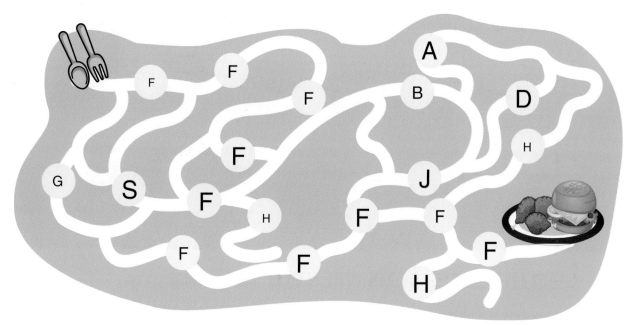

E 다음 그림을 보고 단어의 첫 글자를 넣어 단어를 완성해 보세요.

__ ROG   __ ISH   __ OOTBALL

소문자 f [ef 에프]

소문자 f는 대문자 F와 비슷한 모양으로 '에프'라고 읽어요. 쓸 때는 갈고리 모양을 그리면서 내린 다음 연필을 떼고 가운데에 직선을 그으면서 써요.

A 소문자 f를 모두 찾아서 동그라미 하세요.

B 소문자 f를 큰소리로 읽으며 따라 쓰면서 익혀 보세요.

◆ 소문자 f를 익히며 점선을 따라 예쁘게 써 보세요

◆ 점을 이어서 글자를 써 보세요.

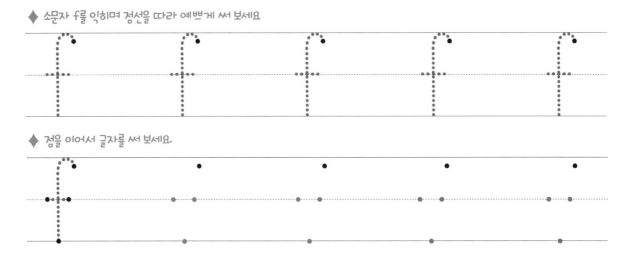

C 소문자 f를 기억하며 글자를 써 보세요.

◆ 선 안쪽을 따라서 써 보세요.

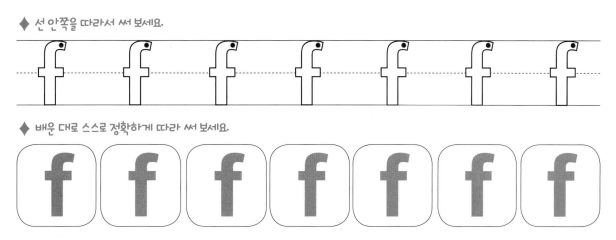

◆ 배운 대로 스스로 정확하게 따라 써 보세요.

D 소문자 f를 연결해서 길을 찾아 보세요.

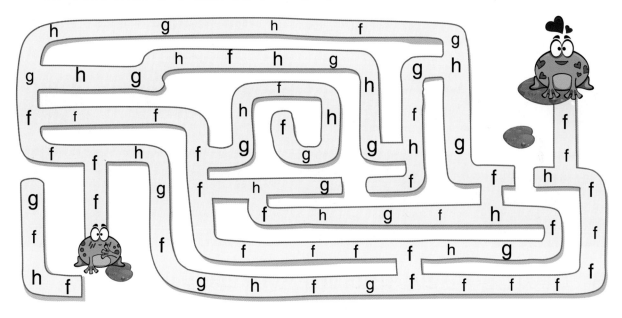

E 다음 그림을 보고 단어의 첫 글자를 소문자로 넣어 완성하고 읽어 보세요.

__ lower   __ our   __ ire

대문자 G [dʒiː 쥐-]

대문자 G는 '쥐-'라고 읽어요. 쓸 때는 C처럼 크고 둥근 곡선을 그리듯이 쓴 다음 원 가운데부터 짧은 직선을 바깥쪽으로 곡선과 이어지게 그으며 써요.

A 대문자 G를 모두 찾아서 동그라미 하세요.

B 대문자 G를 큰소리로 읽으며 따라 쓰면서 익혀 보세요.

◆ 대문자 G를 익히며 점선을 따라 예쁘게 써 보세요.

G G G G G

◆ 점을 이어서 글자를 써 보세요.

G

C 대문자 G를 기억하며 글자를 써 보세요.

◆ 선 안쪽을 따라서 써 보세요.

◆ 배운 대로 스스로 정확하게 따라 써 보세요.

D 대문자 G를 연결해서 길을 찾아 보세요.

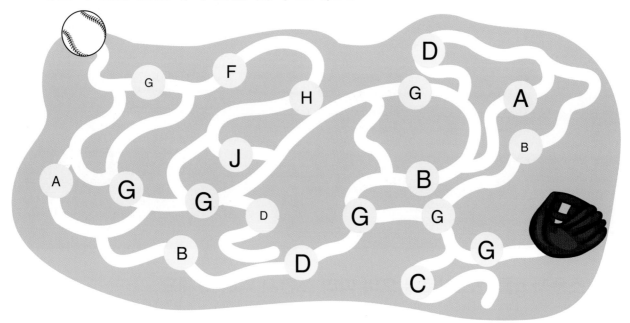

E 다음 그림을 보고 단어의 첫 글자를 넣어 단어를 완성해 보세요.

＿ OLD   ＿ IRAFFE   ＿ INGER

소문자 g [dʒi: 쥐-]

소문자 g는 '쥐'라고 읽어요. 쓸 때는 c를 쓰는 것처럼 원을 먼저 그린 다음 옆으로 직선을 원부터 내리면서 연필은 떼지 않고 써요.

A 소문자 g를 모두 찾아서 동그라미 하세요.

g a g d c d g
f g b g e f k a f
g

grape
glove
goat
garbage truck
gold

B 소문자 g를 큰소리로 읽으며 따라 쓰면서 익혀 보세요.

◆ 소문자 g를 익히며 점선을 따라 예쁘게 써 보세요.

g g g g g

◆ 점을 이어서 글자를 써 보세요.

g

C 소문자 g를 기억하며 글자를 써 보세요.

◆ 선 안쪽을 따라서 써 보세요.

g g g g g g g

◆ 배운 대로 스스로 정확하게 따라 써 보세요.

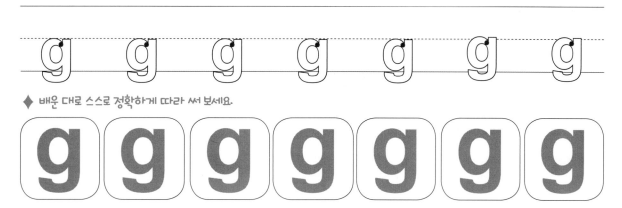

g g g g g g g

D 소문자 g를 연결해서 길을 찾아 보세요.

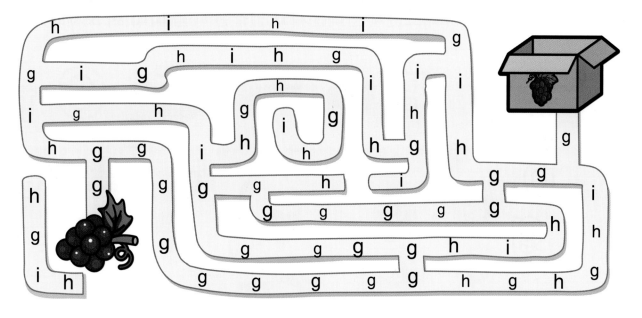

E 다음 그림을 보고 단어의 첫 글자를 소문자로 넣어 완성하고 읽어 보세요.

__ orilla　　　__ lass　　　__ ame

재미있게 연습하기 01

A 대문자에 맞는 소문자, 소문자에 맞는 대문자를 써 보세요.

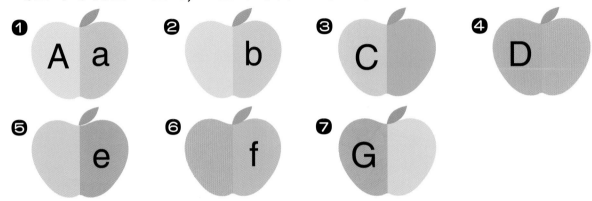

❶ A a ❷ b ❸ C ❹ D

❺ e ❻ f ❼ G

B 대문자는 소문자와 소문자는 대문자와 연결한 다음 따라 써 보세요.

C Aa~Gg까지 알파벳 대문자와 소문자를 써 보세요.

D 빈 칸에 들어갈 알맞은 알파벳 글자를 써 보세요.

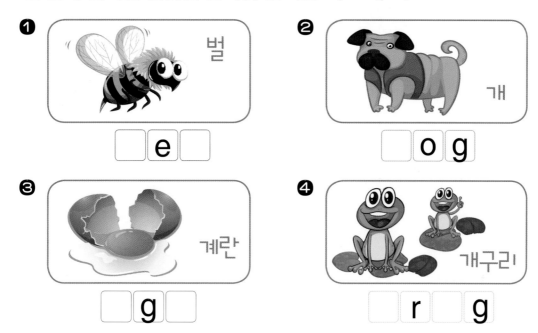

❶ 벌 ☐ e ☐

❷ 개 ☐ o g

❸ 계란 ☐ g ☐

❹ 개구리 ☐ r ☐ g

E 빠진 알파벳 글자를 써 보세요.

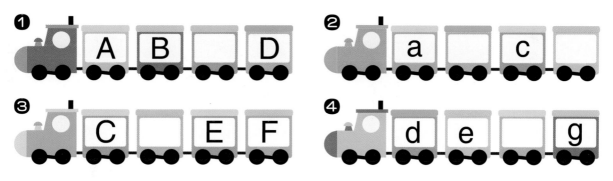

❶ A B ☐ D

❷ a ☐ c ☐

❸ C ☐ E F

❹ d e ☐ g

F 다음 그림을 보고 빈칸과 단어를 올바르게 연결하세요.

동물 N A I A M L

☐ ☐ ☐ ☐ ☐ ☐

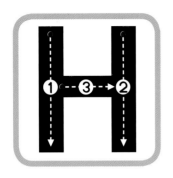

대문자 H [eitʃ 에이치]

대문자 H는 '에이치'라고 읽어요. 쓸 때는 왼쪽과 오른쪽 순서대로 직선을 먼저 그은 다음 두선의 가운데에 선을 긋고 이어서 써요.

A 대문자 H를 모두 찾아서 동그라미 하세요.

B 대문자 H를 큰소리로 읽으며 따라 쓰면서 익혀 보세요.

◆ 대문자 H를 익히며 점선을 따라 예쁘게 써 보세요.

◆ 점을 이어서 글자를 써 보세요.

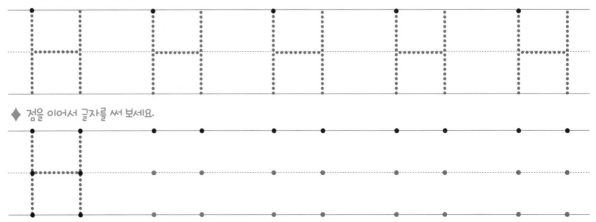

C 대문자 H를 기억하며 글자를 써 보세요.

◆ 선 안쪽을 따라서 써 보세요.

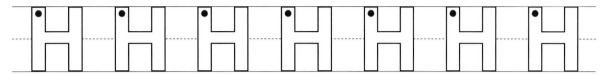

◆ 배운 대로 스스로 정확하게 따라 써 보세요.

D 대문자 H를 연결해서 길을 찾아 보세요.

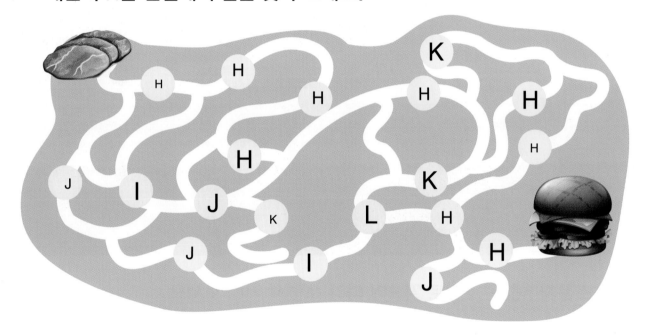

E 다음 그림을 보고 단어의 첫 글자를 넣어 단어를 완성해 보세요.

__ ORSE   __ OTDOG   __ EN

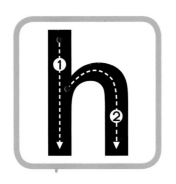

소문자 h [eitʃ 에이치]

소문자 h는 '에이치'라고 읽어요. 쓸 때는 먼저 직선을 아래로 그은 다음 연필을 떼지 않고 그대로 직선을 따라 겹쳐 그린 후 오른쪽 중간 쯤에 아치 모양을 그리듯이 써요.

A 소문자 h를 모두 찾아서 동그라미 하세요.

B 소문자 h를 큰소리로 읽으며 따라 쓰면서 익혀 보세요.

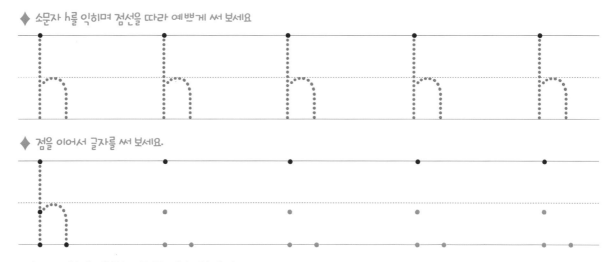

◆ 소문자 h를 익히며 점선을 따라 예쁘게 써 보세요

◆ 점을 이어서 글자를 써 보세요.

C 소문자 h를 기억하며 글자를 써 보세요.

◆ 선 안쪽을 따라서 써 보세요.

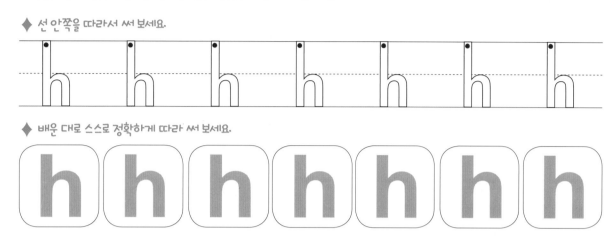

◆ 배운 대로 스스로 정확하게 따라 써 보세요.

h h h h h h h

D 소문자 h를 연결해서 길을 찾아 보세요.

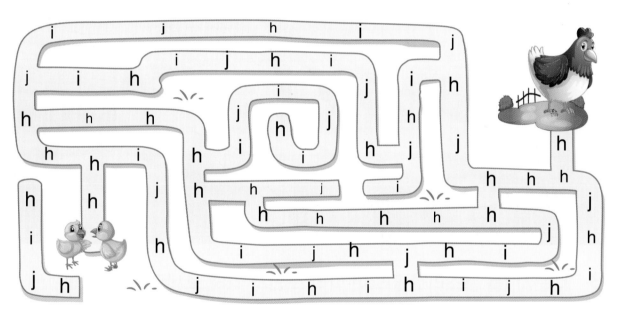

E 다음 그림을 보고 단어의 첫 글자를 소문자로 넣어 완성하고 읽어 보세요.

＿ ero ＿ ome ＿ at

대문자 **I** [ai 아이]

대문자 I는 '아이'라고 읽어요. 쓸 때는 긴 직선을 그린 다음 이것을 기준으로 위와 아래로 짧은 직선을 그려 연결해서 써요.

A 대문자 I를 모두 찾아서 동그라미 하세요.

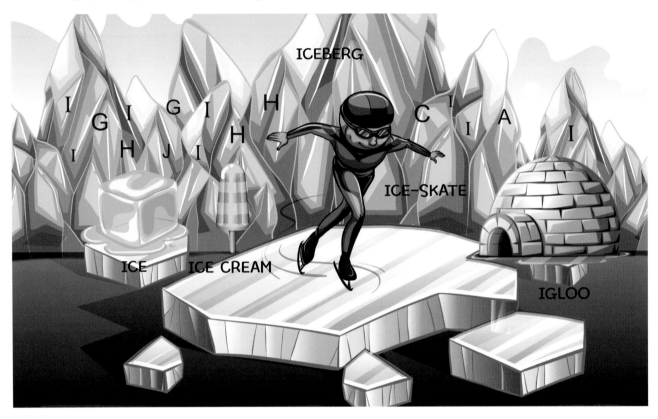

B 대문자 I를 큰소리로 읽으며 따라 쓰면서 익혀 보세요.

◆ 대문자 I를 익히며 점선을 따라 예쁘게 써 보세요.

◆ 점을 이어서 글자를 써 보세요.

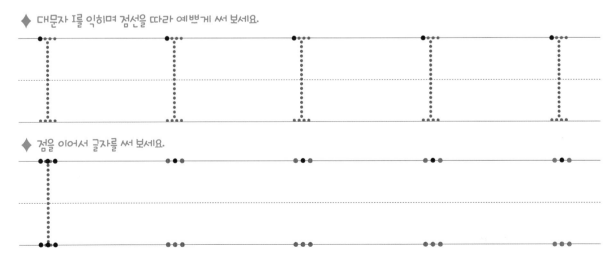

C 대문자 I를 기억하며 글자를 써 보세요.

◆ 선 안쪽을 따라서 써 보세요.

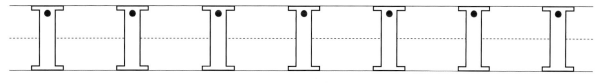

◆ 배운 대로 스스로 정확하게 따라 써 보세요.

D 대문자 I를 연결해서 길을 찾아 보세요.

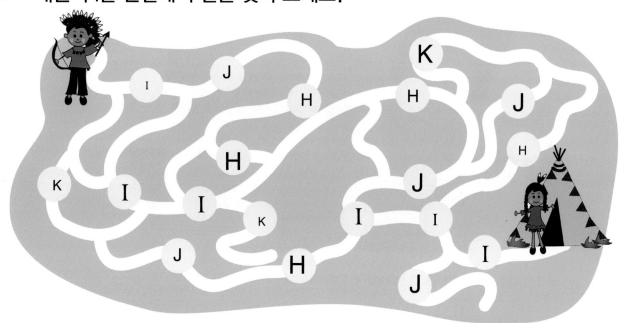

E 다음 그림을 보고 단어의 첫 글자를 넣어 단어를 완성해 보세요.

__ NSECT   __ CE   __ NFANT

소문자 i [ai 아이]

소문자 i는 대문자와 같이 '아이'라고 읽어요. 쓸 때는 먼저 중간에서 아래까지 짧은 직선을 그린 다음 소문자 l과 혼동하지 않게 직선 위에 점을 찍어요.

A 소문자 i를 모두 찾아서 동그라미 하세요.

B 소문자 i를 큰소리로 읽으며 따라 쓰면서 익혀 보세요.

◆ 소문자 i를 익히며 점선을 따라 예쁘게 써 보세요.

◆ 점을 이어서 글자를 써 보세요.

C 소문자 i를 기억하며 글자를 써 보세요.

◆ 선 안쪽을 따라서 써 보세요.

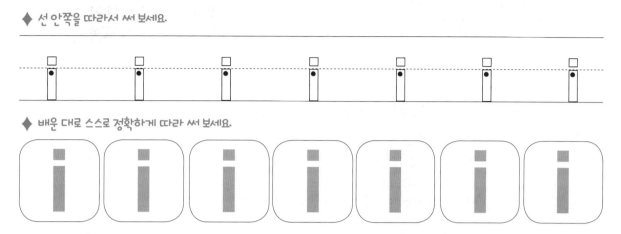

◆ 배운 대로 스스로 정확하게 따라 써 보세요.

i i i i i i i

D 소문자 i를 연결해서 길을 찾아 보세요.

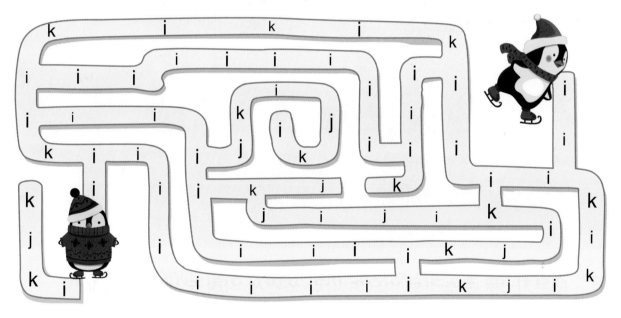

E 다음 그림을 보고 단어의 첫 글자를 소문자로 넣어 완성하고 읽어 보세요.

— nk   — sland   — gloo

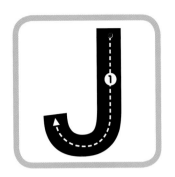

대문자 J [dʒei 제이]

대문자 J는 '제이'라고 읽어요. 쓸 때는 우산 손잡이 모양을 한 번에 그려서 써요.

A 대문자 J를 모두 찾아서 동그라미 하세요.

B 대문자 J를 큰소리로 읽으며 따라 쓰면서 익혀 보세요.

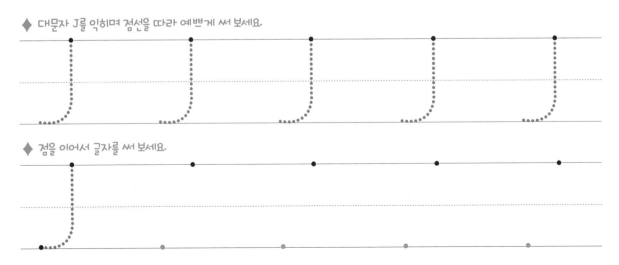

◆ 대문자 J를 익히며 점선을 따라 예쁘게 써 보세요.

◆ 점을 이어서 글자를 써 보세요.

C 대문자 J를 기억하며 글자를 써 보세요.

◆ 선 안쪽을 따라서 써 보세요.

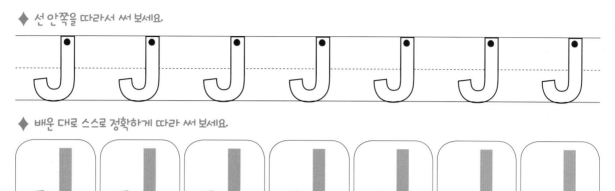

◆ 배운 대로 스스로 정확하게 따라 써 보세요.

D 대문자 J를 연결해서 길을 찾아 보세요.

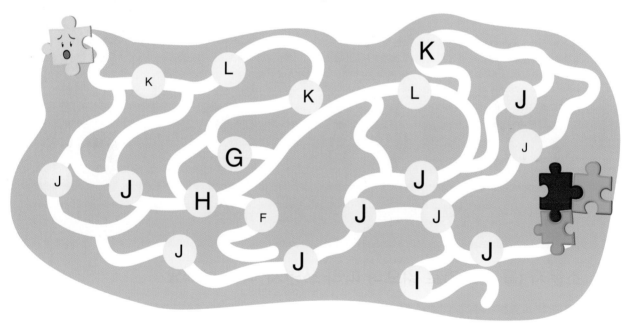

E 다음 그림을 보고 단어의 첫 글자를 넣어 단어를 완성해 보세요.

__ ELLY   __ UG   __ UNGLE

소문자 j [dʒei 제이]

소문자 j는 '제이'라고 읽어요. 쓸 때는 두번째 칸에서 아래로 직선을 긋고 끝에는 우산 손잡이 모양으로 마무리한 후 그 위에 점을 찍어요.

A 소문자 j를 모두 찾아서 동그라미 하세요.

B 소문자 j를 큰소리로 읽으며 따라 쓰면서 익혀 보세요.

◆ 소문자 j를 익히며 점선을 따라 예쁘게 써 보세요.

◆ 점을 이어서 글자를 써 보세요.

C 소문자 j를 기억하며 글자를 써 보세요.

◆ 선 안쪽을 따라서 써 보세요.

◆ 배운 대로 스스로 정확하게 따라 써 보세요.

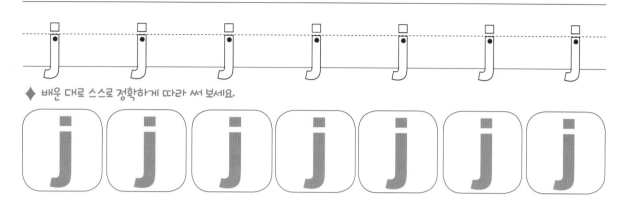

D 소문자 j를 연결해서 길을 찾아 보세요.

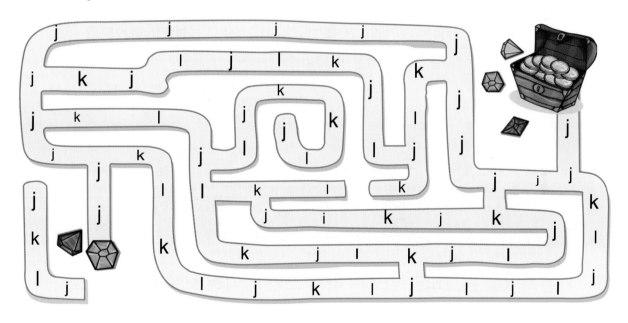

E 다음 그림을 보고 단어의 첫 글자를 소문자로 넣어 완성하고 읽어 보세요.

 __ ellyfish

 __ ogging

 __ ewel

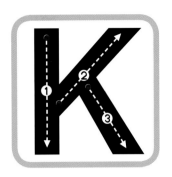

대문자 K [kei 케이]

대문자 K는 '케이'라고 읽어요. 쓸 때는 직선을 그은 다음 연필을 뗀 후 가운데에서 위쪽과 아래쪽으로 사선을 바깥으로 그으며 써요.

A 대문자 K를 모두 찾아서 동그라미 하세요.

B 대문자 K를 큰소리로 읽으며 따라 쓰면서 익혀 보세요.

◆ 대문자 K를 익히며 점선을 따라 예쁘게 써 보세요.

◆ 점을 이어서 글자를 써 보세요.

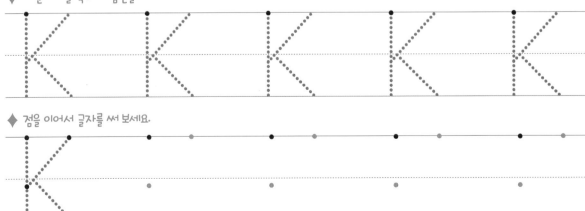

C 대문자 K를 기억하며 글자를 써 보세요.

◆ 선 안쪽을 따라서 써 보세요.

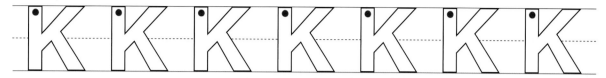

◆ 배운 대로 스스로 정확하게 따라 써 보세요.

D 대문자 K를 연결해서 길을 찾아 보세요.

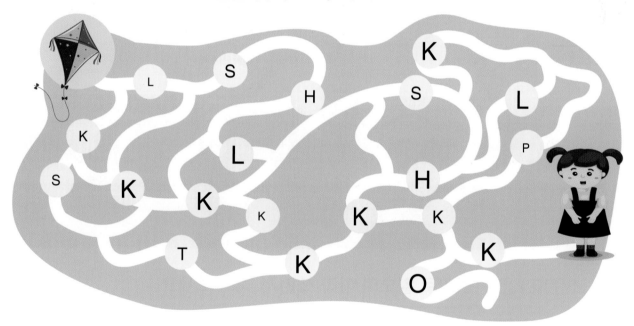

E 다음 그림을 보고 단어의 첫 글자를 넣어 단어를 완성해 보세요.

__ IWI   __ NEE   __ ANGAROO

소문자 k [kei 케이]

소문자 k는 '케이'라고 읽어요. 대문자 K와 모양은 비슷하지만 쓸 때는 중간에서 아래 칸 사이에 사선을 작게 두 개 그으며 써요.

A 소문자 k를 모두 찾아서 동그라미 하세요.

B 소문자 k를 큰소리로 읽으며 따라 쓰면서 익혀 보세요.

◆ 소문자 k를 익히며 점선을 따라 예쁘게 써 보세요.

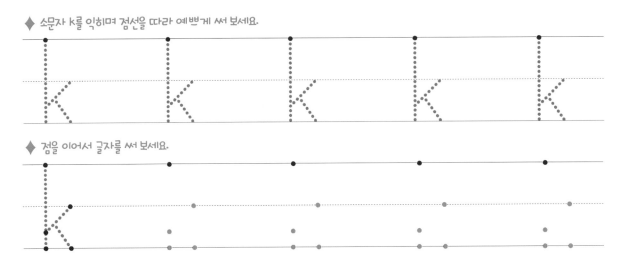

◆ 점을 이어서 글자를 써 보세요.

C 소문자 k를 기억하며 글자를 써 보세요.

◆ 선 안쪽을 따라서 써 보세요.

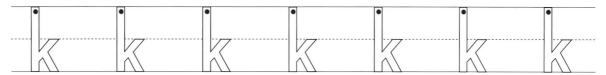

◆ 배운 대로 스스로 정확하게 따라 써 보세요.

D 소문자 k를 연결해서 길을 찾아 보세요.

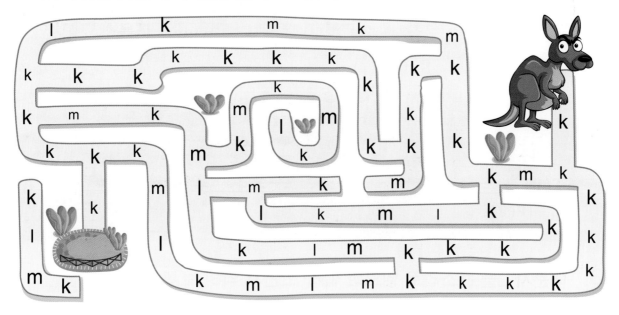

E 다음 그림을 보고 단어의 첫 글자를 소문자로 넣어 완성하고 읽어 보세요.

__ iss

__ oala

__ oi

대문자 L [el 엘]

대문자 L은 '엘'이라고 읽어요. 쓸 때는 직선을 아래로 그은 후 마지막 점에서 오른쪽으로 연필을 떼지 않고 그어서 써요.

A 대문자 L을 모두 찾아서 동그라미 하세요.

B 대문자 L을 큰소리로 읽으며 따라 쓰면서 익혀 보세요.

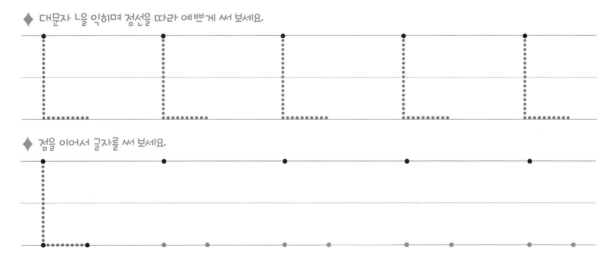

◆ 대문자 L을 익히며 점선을 따라 예쁘게 써 보세요.

◆ 점을 이어서 글자를 써 보세요.

C 대문자 L을 기억하며 글자를 써 보세요.

◆ 선 안쪽을 따라서 써 보세요.

L L L L L L L

◆ 배운 대로 스스로 정확하게 따라 써 보세요.

L L L L L L L

D 대문자 L을 연결해서 길을 찾아 보세요.

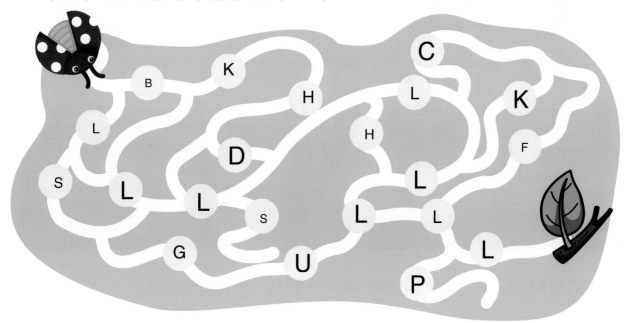

E 다음 그림을 보고 단어의 첫 글자를 넣어 단어를 완성해 보세요.

＿ ION   ＿ IME   ＿ OCK

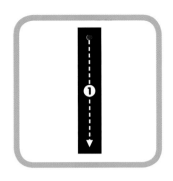

소문자 l [el 엘]

소문자 l은 '엘'이라고 읽어요. 가장 쓰기 쉬운 l을 쓸 때는 직선을 아래로 그어서 써요.

A 소문자 l을 모두 찾아서 동그라미 하세요.

B 소문자 l을 큰소리로 읽으며 따라 쓰면서 익혀 보세요.

◆ 소문자 l을 익히며 점선을 따라 예쁘게 써 보세요.

◆ 점을 이어서 글자를 완성해 써 보세요.

C 소문자 l을 기억하며 글자를 써 보세요.

♦ 선 안쪽을 따라서 써 보세요.

♦ 배운 대로 스스로 정확하게 따라 써 보세요.

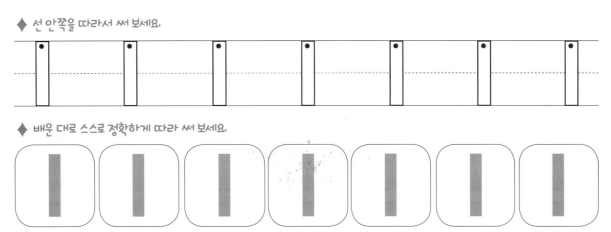

D 소문자 l을 연결해서 길을 찾아 보세요.

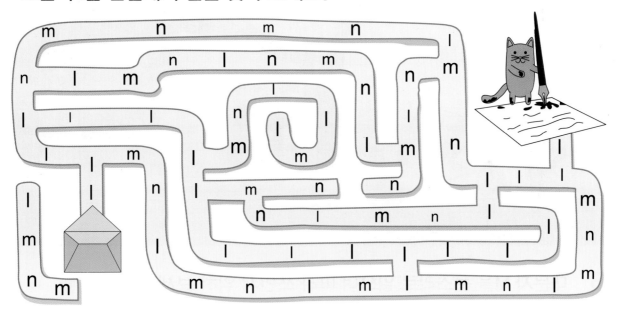

E 다음 그림을 보고 단어의 첫 글자를 소문자로 넣어 완성하고 읽어 보세요.

__ ip   __ adybug   __ amp

대문자 M [em 엠]

대문자 M은 '엠'이라고 읽어요. 쓸 때는 먼저 직선을 그린 다음 연필을 뗀 후 시작 점에서 브이자 모양으로 선을 긋고 그 옆에 다시 직선을 위에서 아래로 이어서 그려 써요.

A 대문자 M를 모두 찾아서 동그라미 하세요.

B 대문자 M을 큰소리로 읽으며 따라 쓰면서 익혀 보세요.

◆ 대문자 M을 익히며 점선을 따라 예쁘게 써 보세요.

◆ 점을 이어서 글자를 써 보세요.

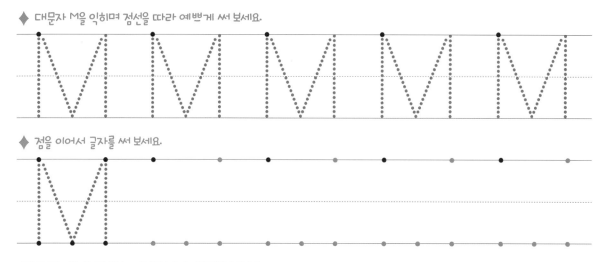

C 대문자 M을 기억하며 글자를 써 보세요.

◆ 선 안쪽을 따라서 써 보세요.

◆ 배운 대로 스스로 정확하게 따라 써 보세요.

MMMMMMM

D 대문자 M을 연결해서 길을 찾아 보세요.

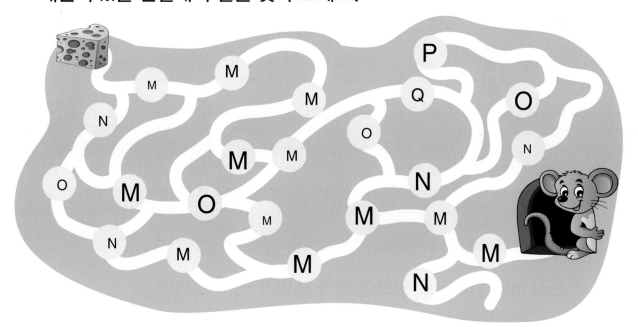

E 다음 그림을 보고 단어의 첫 글자를 넣어 단어를 완성해 보세요.

__ ONKEY　　　__ OON　　　__ UFFIN

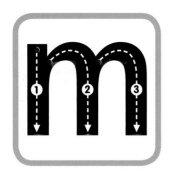

소문자 m [em 엠]

소문자 m은 '엠'이라고 읽어요. 쓸 때는 중간에서 아래칸 사이에 직선을 짧게 긋고 연필은 떼지 않고 둥근 아치 모양을 두 개 이어서 그려 써요.

A 소문자 m을 모두 찾아서 동그라미 하세요.

B 소문자 m을 큰소리로 읽으며 따라 쓰면서 익혀 보세요.

◆ 소문자 m을 익히며 점선을 따라 예쁘게 써 보세요.

m m m m m

◆ 점을 이어서 글자를 써 보세요.

m

C 소문자 m을 기억하며 글자를 써 보세요.

◆ 선 안쪽을 따라서 써 보세요.

◆ 배운 대로 스스로 정확하게 따라 써 보세요.

D 소문자 m을 연결해서 길을 찾아 보세요.

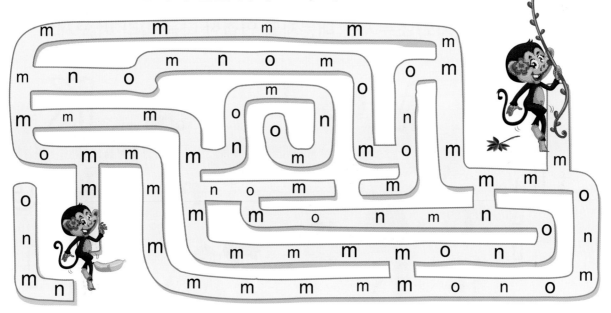

E 다음 그림을 보고 단어의 첫 글자를 소문자로 넣어 완성하고 읽어 보세요.

— ouse   — agic   — oney

A 대문자에 맞는 소문자, 소문자에 맞는 대문자를 써 보세요.

❶ h

❷ I

❸ j

❹ K

❺ L

❻ m

B 대문자는 소문자와 소문자는 대문자와 연결한 다음 따라 써 보세요.

C Hh~Mm까지 알파벳 대문자와 소문자를 써 보세요.

D 빈 칸에 들어갈 알맞은 알파벳 글자를 써 보세요.

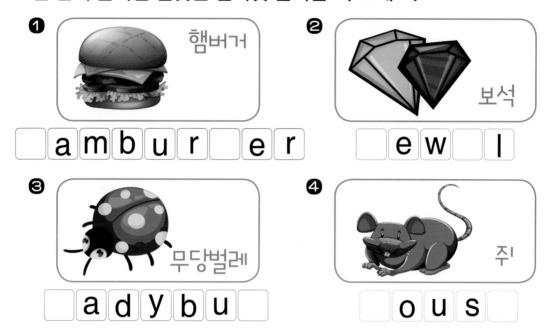

❶ 햄버거
[ ] a m b u r [ ] e r

❷ 보석
[ ] e w [ ] l

❸ 무당벌레
[ ] a d y b u [ ]

❹ 쥐
[ ] o u s [ ]

E 빠진 알파벳 글자를 써 보세요.

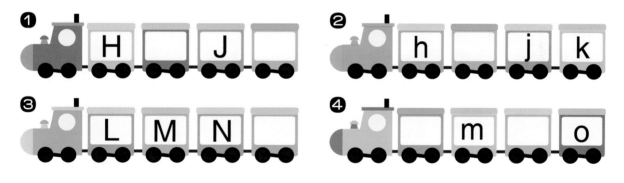

❶ H [ ] [ ] J [ ]

❷ [ ] h [ ] j k

❸ L M N [ ]

❹ [ ] [ ] m [ ] o

F 다음 그림을 보고 빈칸과 단어를 올바르게 연결하세요.

원숭이

OMNEKY

[ ][ ][ ][ ][ ][ ]

즐거운 알파벳 퀴즈 01

B 초콜릿 조각을 A→B→C 순서대로 따라가서 마지막 알파벳에 ○ 하세요.

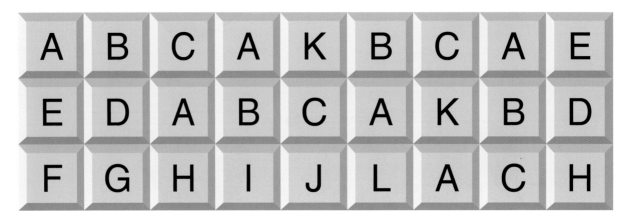

A	B	C	A	K	B	C	A	E
E	D	A	B	C	A	K	B	D
F	G	H	I	J	L	A	C	H

A 빠진 알파벳 글자를 쓰세요.

❶

C ☐ E

❷
a b ☐

❸
☐ L M

❹
e ☐ g

C 다음 그림을 보고 단어의 첫 알파벳에 동그라미 하세요.

❶
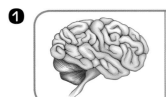
ⓑ r
i a n

❷
d e
s k

❸

f o b
o ll t a

❹
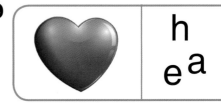
h r
e a t

E 단어의 첫 알파벳을 대문자와 소문자로 써 보세요.

❶

❷

❸

❹

A a

D 고양이가 파이를 먹으러 가요. 가는 길에 빠진 알파벳 글자를 쓰세요.

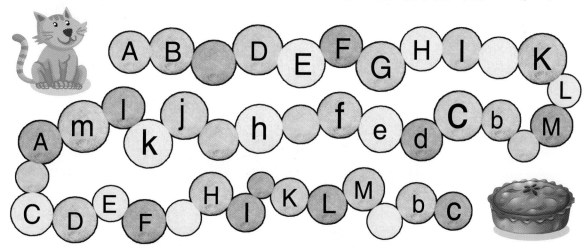

C 알파벳의 대문자와 소문자를 알맞게 연결해 보세요.

❶ K ·   · c   ❻ D ·   · e

❷ J ·   · m   ❼ F ·   · n

❸ C ·   · a   ❽ N ·   · l

❹ M ·   · j   ❾ E ·   · d

❺ A ·   · k   ❿ L ·   · f

대문자 N [en 엔]

대문자 N은 '엔'이라고 읽어요. 쓸 때는 위아래로 직선과 사선, 직선을 지그재그로 그리면 됩니다.

A 대문자 N을 모두 찾아서 동그라미 하세요.

B 대문자 N을 큰소리로 읽으며 따라 쓰면서 익혀 보세요.

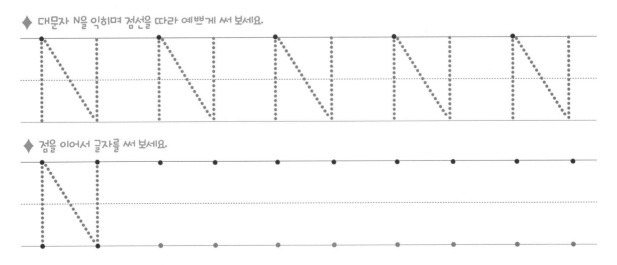

◆ 대문자 N을 익히며 점선을 따라 예쁘게 써 보세요.

◆ 점을 이어서 글자를 써 보세요.

C 대문자 N을 기억하며 글자를 써 보세요.

◆ 선 안쪽을 따라서 써 보세요.

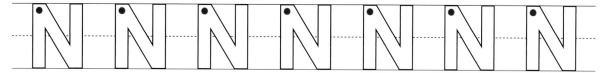

◆ 배운 대로 스스로 정확하게 따라 써 보세요.

D 대문자 N을 연결해서 길을 찾아 보세요.

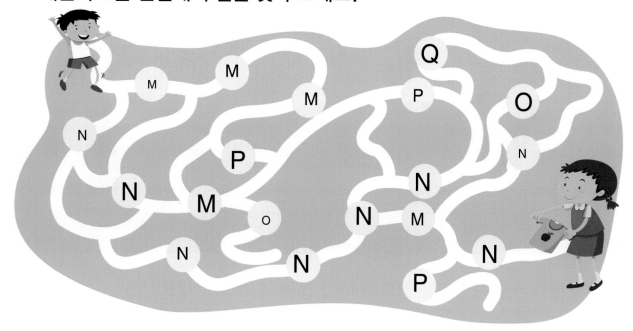

E 다음 그림을 보고 단어의 첫 글자를 넣어 단어를 완성해 보세요.

___ OSE　　　　___ ECKTIE　　　　___ APKIN

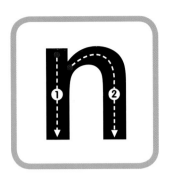

소문자 n [en 엔]

소문자 n은 '엔'이라고 읽어요. 쓸 때는 중간에서 아래칸 사이에 직선을 짧게 긋고 연필은 떼지 않고 둥근 아치 모양을 이어서 그려 써요.

A 소문자 n을 모두 찾아서 동그라미 하세요.

B 소문자 n을 큰소리로 읽으며 따라 쓰면서 익혀 보세요.

◆ 소문자 n을 익히며 점선을 따라 예쁘게 써 보세요.

n　　n　　n　　n　　n

◆ 점을 이어서 글자를 써 보세요.

C 소문자 n을 기억하며 글자를 써 보세요.

◆ 선 안쪽을 따라서 써 보세요.

n n n n n n n

◆ 배운 대로 스스로 정확하게 따라 써 보세요.

n n n n n n n

D 소문자 n을 연결해서 길을 찾아 보세요.

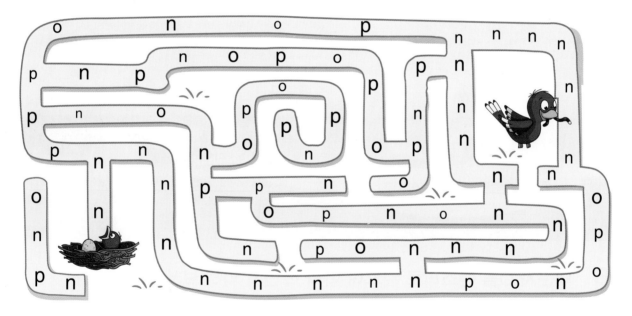

E 다음 그림을 보고 단어의 첫 글자를 소문자로 넣어 완성하고 읽어 보세요.

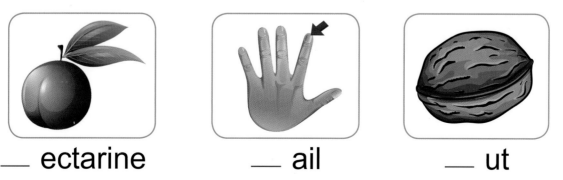

__ ectarine   __ ail   __ ut

대문자 O [ou 오우]

대문자 O는 '오우'라고 읽어요. 쓸 때는 시작점과 끝이 같게 보름달을 그리듯이 둥글고 예쁘게 써요.

A 대문자 O를 모두 찾아서 동그라미 하세요.

B 대문자 O를 큰소리로 읽으며 따라 쓰면서 익혀 보세요.

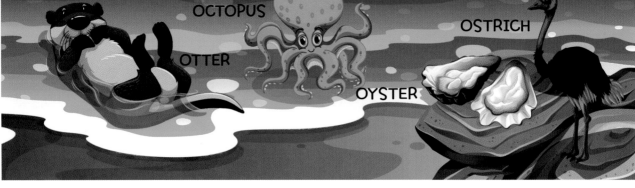

C 대문자 O를 기억하며 글자를 써 보세요.

◆ 선 안쪽을 따라서 써 보세요.

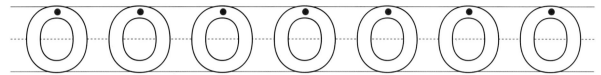

◆ 배운 대로 스스로 정확하게 따라 써 보세요.

D 대문자 O를 연결해서 길을 찾아 보세요.

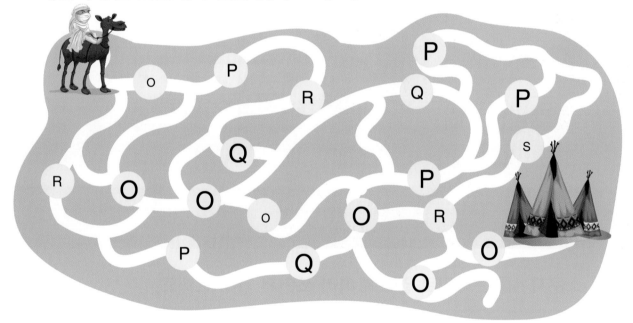

E 다음 그림을 보고 단어의 첫 글자를 넣어 단어를 완성해 보세요.

__ WL　　　　__ TTER　　　　__ RANGE

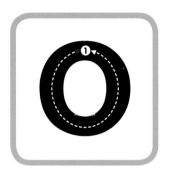

소문자 o [ou 오우]

소문자 o는 '오우'라고 읽어요. 대문자 O와 글자 모양은 같지만 소문자는 크기를 반으로 줄여 아래칸에 맞춰서 시작점과 끝이 같게 보름달을 그리듯이 둥글고 예쁘게 써요.

A 소문자 o를 모두 찾아서 동그라미 하세요.

B 소문자 o를 큰소리로 읽으며 따라 쓰면서 익혀 보세요.

◆ 소문자 o를 익히며 점선을 따라 예쁘게 써 보세요.

◆ 점을 이어서 글자를 써 보세요.

C 소문자 o를 기억하며 글자를 써 보세요.

◆ 선 안쪽을 따라서 써 보세요.

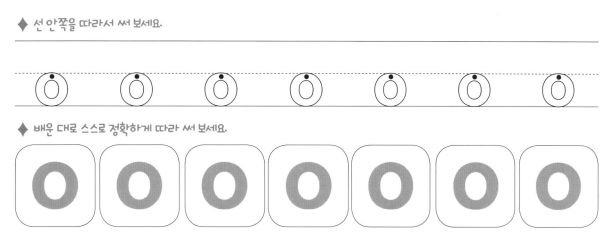

◆ 배운 대로 스스로 정확하게 따라 써 보세요.

D 소문자 o를 연결해서 길을 찾아 보세요.

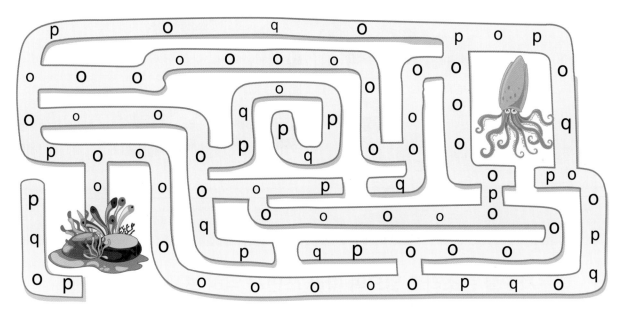

E 다음 그림을 보고 단어의 첫 글자를 소문자로 넣어 완성하고 읽어 보세요.

__ strich　　　　__ melet　　　　__ live

대문자 P [pi: 피-]

대문자 P는 '피-'라고 읽어요. 쓸 때는 긴 직선을 위에서부터 아래로 쭉 그은 다음 곡선을 위에서 반 정도 길이만 그려 써요.

A 대문자 P를 모두 찾아서 동그라미 하세요.

B 대문자 P를 큰소리로 읽으며 따라 쓰면서 익혀 보세요.

◆ 대문자 P를 익히며 점선을 따라 예쁘게 써 보세요.

P P P P P

◆ 점을 이어서 글자를 써 보세요.

P

C 대문자 P를 기억하며 글자를 써 보세요.

◆ 선 안쪽을 따라서 써 보세요.

P P P P P P P

◆ 배운 대로 스스로 정확하게 따라 써 보세요.

P P P P P P P

D 대문자 P를 연결해서 길을 찾아 보세요.

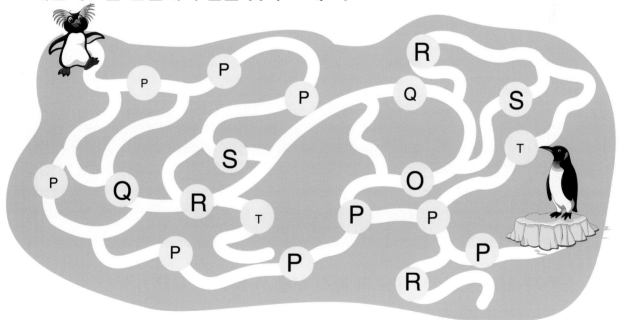

E 다음 그림을 보고 단어의 첫 글자를 넣어 단어를 완성해 보세요.

___ EACOCK   ___ EACH   ___ EOPLE

소문자 p [pi: 피-]

소문자 p는 '피-'라고 읽어요. 쓸 때는 아래칸부터 직선을 그어 내린 후 옆으로 연필을 떼지 않고 둥근 고리 모양을 자연스럽게 그려 써요.

A 소문자 p를 모두 찾아서 동그라미 하세요.

B 소문자 p를 큰소리로 읽으며 따라 쓰면서 익혀 보세요.

◆ 소문자 p를 익히며 점선을 따라 예쁘게 써 보세요.

p   p   p   p   p

◆ 점을 이어서 글자를 써 보세요.

C 소문자 p를 기억하며 글자를 써 보세요.

◆ 선 안쪽을 따라서 써 보세요.

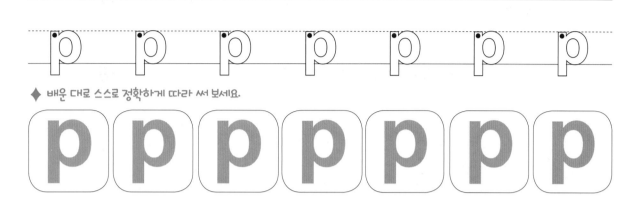

p p p p p p p

◆ 배운 대로 스스로 정확하게 따라 써 보세요.

p p p p p p p

D 소문자 p를 연결해서 길을 찾아 보세요.

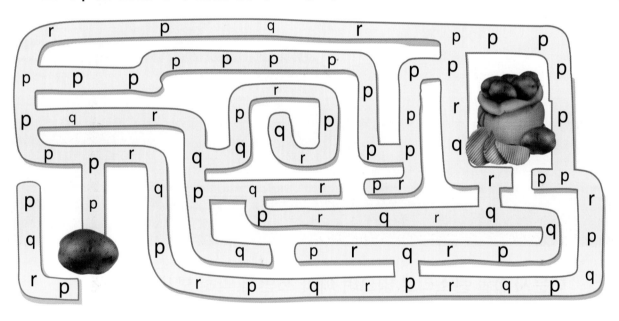

E 다음 그림을 보고 단어의 첫 글자를 소문자로 넣어 완성하고 읽어 보세요.

＿ arrot   ＿ ig   ＿ iano

대문자 Q [kju: 큐-]

대문자 Q는 '큐-'라고 읽어요. 쓸 때는 먼저 앞에서 배운 O를 쓴 다음 O의 오른쪽 아래에 꼬리를 사선으로 짧게 그려 써요.

A 대문자 Q를 모두 찾아서 동그라미 하세요.

B 대문자 Q를 큰소리로 읽으며 따라 쓰면서 익혀 보세요.

◆ 대문자 Q를 익히며 점선을 따라 예쁘게 써 보세요.

Q Q Q Q Q

◆ 점을 이어서 글자를 써 보세요.

Q

C 대문자 Q를 기억하며 글자를 써 보세요.

◆ 선 안쪽을 따라서 써 보세요.

◆ 배운 대로 스스로 정확하게 따라 써 보세요.

D 대문자 Q를 연결해서 길을 찾아 보세요.

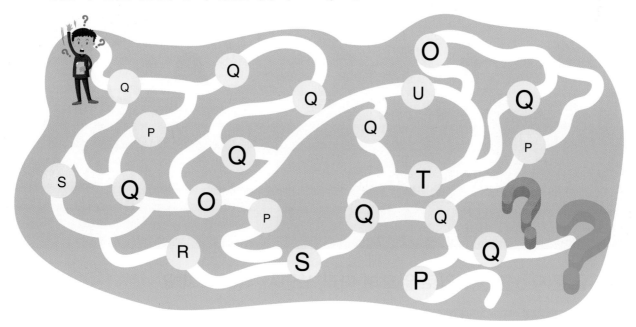

E 다음 그림을 보고 단어의 첫 글자를 넣어 단어를 완성해 보세요.

__ UARTET

__ UILT

__ UILL

소문자 q [kju: 큐-]

소문자 q는 '큐-'라고 읽어요. 쓸 때는 아래칸에 c 모양의 반원을 그린 다음 옆으로 연필을 떼지 않고 아래칸부터 직선을 그어 써요.

A 소문자 q를 모두 찾아서 동그라미 하세요.

B 소문자 q를 큰소리로 읽으며 따라 쓰면서 익혀 보세요.

◆ 소문자 q를 익히며 점선을 따라 예쁘게 써 보세요.

q q q q q

◆ 점을 이어서 글자를 써 보세요.

q

C 소문자 q를 기억하며 글자를 써 보세요.

◆ 선 안쪽을 따라서 써 보세요.

q q q q q q q

◆ 배운 대로 스스로 정확하게 따라 써 보세요.

q q q q q q q

D 소문자 q를 연결해서 길을 찾아 보세요.

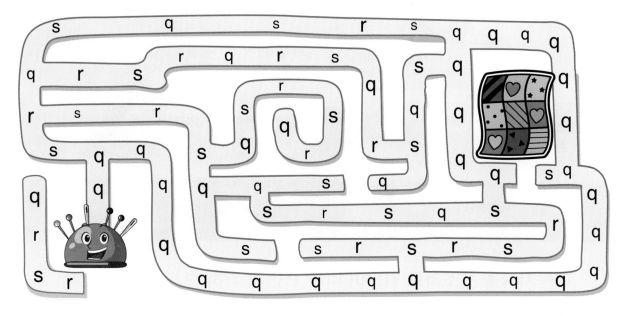

E 다음 그림을 보고 단어의 첫 글자를 소문자로 넣어 완성하고 읽어 보세요.

＿ uail　　＿ uiz　　＿ ueen

대문자 R [aːr 아-]

대문자 R은 '아-'이라고 읽어요. 쓸 때는 대문자 P를 쓴 다음 연필을 떼지 않고 오른쪽 아래 방향으로 사선을 연결해서 그려 써요.

A 대문자 R을 모두 찾아서 동그라미 하세요.

B 대문자 R을 큰소리로 읽으며 따라 쓰면서 익혀 보세요.

◆ 대문자 R을 익히며 점선을 따라 예쁘게 써 보세요.

R R R R R

◆ 점을 이어서 글자를 써 보세요.

R

C 대문자 R을 기억하며 글자를 써 보세요.

◆ 선 안쪽을 따라서 써 보세요.

◆ 배운 대로 스스로 정확하게 따라 써 보세요.

R R R R R R R

D 대문자 R을 연결해서 길을 찾아 보세요.

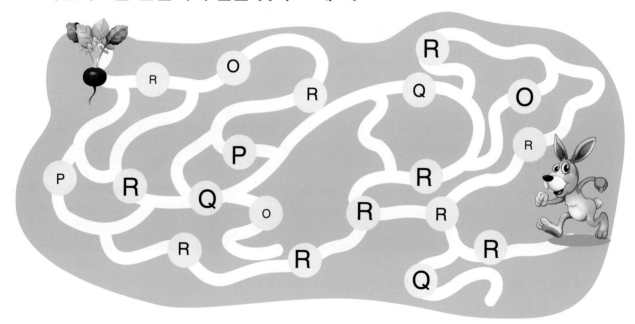

E 다음 그림을 보고 단어의 첫 글자를 넣어 단어를 완성해 보세요.

＿ OII   ＿ ABBIT   ＿ OOM

소문자 r [aːr 아-]

소문자 r은 '아-'이라고 읽어요. 쓸 때는 아래칸에 직선을 아래로 먼저 그리고 그대로 직선을 따라 겹쳐 그린 후 오른쪽으로 작은 갈고리 모양을 그려 써요.

A 소문자 r을 모두 찾아서 동그라미 하세요.

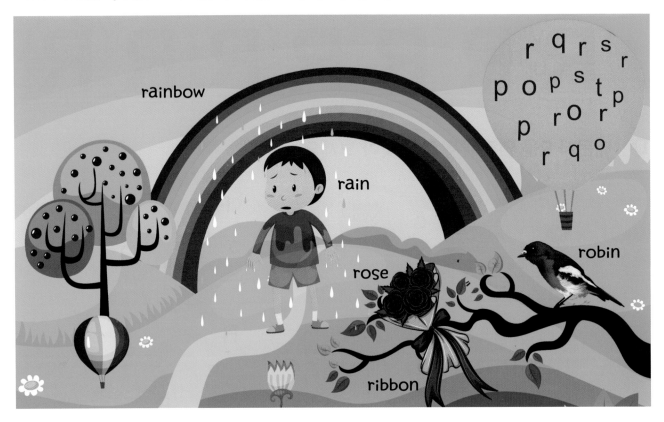

B 소문자 r을 큰소리로 읽으며 따라 쓰면서 익혀 보세요.

◆ 소문자 r을 익히며 점선을 따라 예쁘게 써 보세요.

◆ 점을 이어서 글자를 써 보세요.

C 소문자 r을 기억하며 글자를 써 보세요.

◆ 선 안쪽을 따라서 써 보세요.

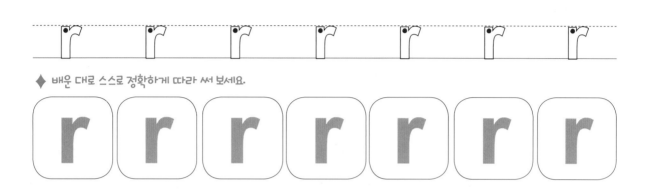

◆ 배운 대로 스스로 정확하게 따라 써 보세요.

r r r r r r r

D 소문자 r을 연결해서 길을 찾아 보세요.

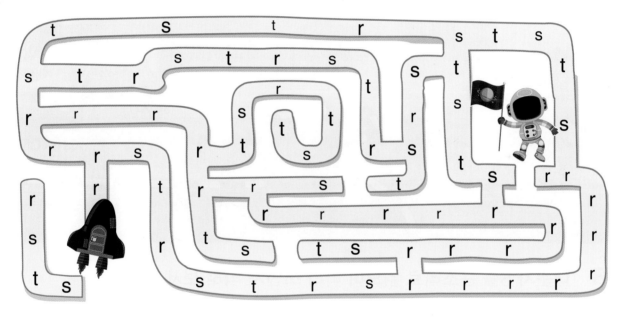

E 다음 그림을 보고 단어의 첫 글자를 소문자로 넣어 완성하고 읽어 보세요.

__ ose   __ uby   __ ainbow

대문자 S [es 에스]

대문자 S는 '에스'라고 읽어요. 쓸 때는 두 개의 곡선을 사용하여 쓰면 쉬워요. C 모양의 곡선을 그린 후 반대 방향으로 이어서 써요.

A 대문자 S를 모두 찾아서 동그라미 하세요.

B 대문자 S를 큰소리로 읽으며 따라 쓰면서 익혀 보세요.

◆ 대문자 S를 익히며 점선을 따라 예쁘게 써 보세요.

S S S S S

◆ 점을 이어서 글자를 써 보세요.

S

C 대문자 S를 기억하며 글자를 써 보세요.

◆ 선 안쪽을 따라서 써 보세요.

◆ 배운 대로 스스로 정확하게 따라 써 보세요.

D 대문자 S를 연결해서 길을 찾아 보세요.

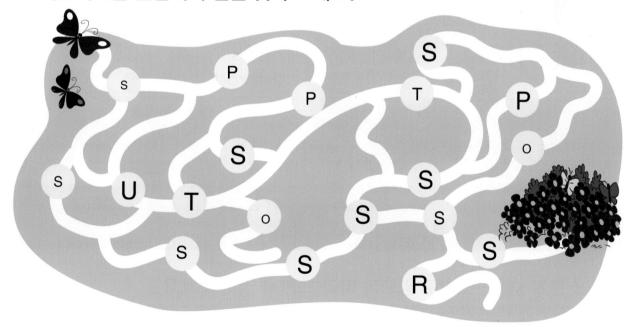

E 다음 그림을 보고 단어의 첫 글자를 넣어 단어를 완성해 보세요.

__ HEEP   __ HOES   __ ATURN

소문자 S [es 에스]

소문자 s는 '에스'라고 읽어요. 대문자 S와 글자의 모양은 같지만 크기를 반으로 줄여 아래칸에 C를 작게 쓴 후 반대 방향으로 이어서 써요.

A 소문자 s를 모두 찾아서 동그라미 하세요.

B 소문자 s를 큰소리로 읽으며 따라 쓰면서 익혀 보세요.

◆ 소문자 s를 익히며 점선을 따라 예쁘게 써 보세요.

◆ 점을 이어서 글자를 써 보세요.

C 소문자 s를 기억하며 글자를 써 보세요.

◆ 선 안쪽을 따라서 써 보세요.

S S S S S S S

◆ 배운 대로 스스로 정확하게 따라 써 보세요.

S S S S S S

D 소문자 s를 연결해서 길을 찾아 보세요.

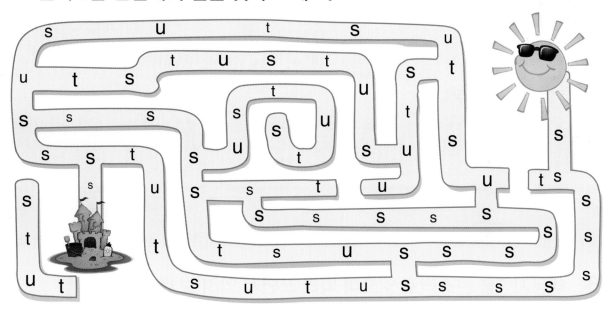

E 다음 그림을 보고 단어의 첫 글자를 소문자로 넣어 완성하고 읽어 보세요.

__ nail   __ alami   __ pring

대문자 T [ti: 티-]

대문자 T는 '티-'라고 읽어요. 쓸 때는 가로로 직선을 긋고 나서 그린 선의 중앙에 연필을 올려 놓고 아래로 직선을 내려 그려 써요.

A 대문자 T를 모두 찾아서 동그라미 하세요.

B 대문자 T를 큰소리로 읽으며 따라 쓰면서 익혀 보세요.

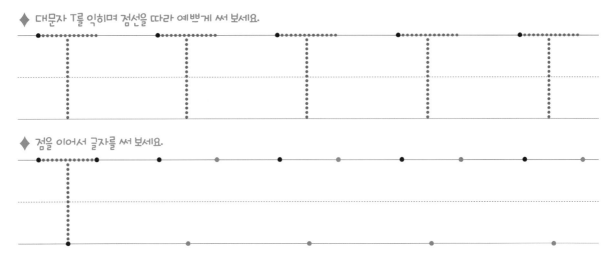

◆ 대문자 T를 익히며 점선을 따라 예쁘게 써 보세요.

◆ 점을 이어서 글자를 써 보세요.

C 대문자 T를 기억하며 글자를 써 보세요.

◆ 선 안쪽을 따라서 써 보세요.

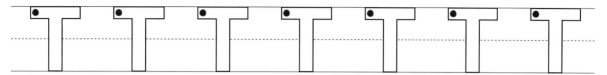

◆ 배운 대로 스스로 정확하게 따라 써 보세요.

D 대문자 T를 연결해서 길을 찾아 보세요.

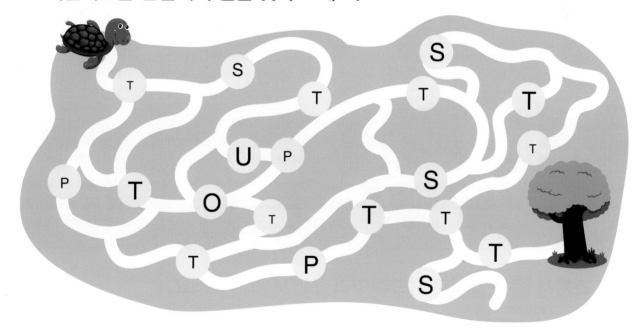

E 다음 그림을 보고 단어의 첫 글자를 넣어 단어를 완성해 보세요.

＿ OAST   ＿ ULIP   ＿ IGER

소문자 t [ti: 티-]

소문자 t는 '티-'라고 읽어요. 쓸 때는 아래칸에 가로로 직선을 긋고 중간에서 작은 십자가를 그리듯이 가로선 위에서 아래로 써요.

A 소문자 t를 모두 찾아서 동그라미 하세요.

B 소문자 t를 큰소리로 읽으며 따라 쓰면서 익혀 보세요.

◆ 소문자 t를 익히며 점선을 따라 예쁘게 써 보세요.

◆ 점을 이어서 글자를 써 보세요.

C 소문자 t를 기억하며 글자를 써 보세요.

◆ 선 안쪽을 따라서 써 보세요.

t   t   t   t   t   t   t

◆ 배운 대로 스스로 정확하게 따라 써 보세요.

t   t   t   t   t   t   t

D 소문자 t를 연결해서 길을 찾아 보세요.

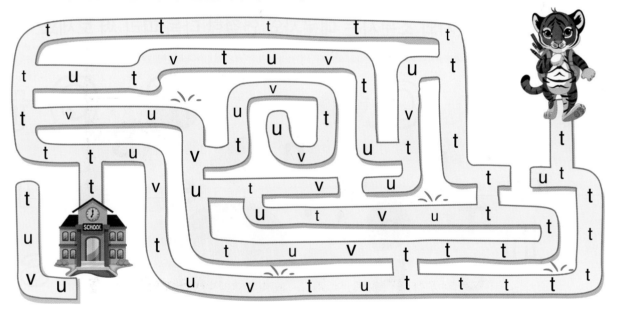

E 다음 그림을 보고 단어의 첫 글자를 소문자로 넣어 완성하고 읽어 보세요.

__ omato

__ uba

__ ent

재미있게 연습하기 03

A 대문자에 맞는 소문자, 소문자에 맞는 대문자를 써 보세요.

❶ N　❷ o　❸ P　❹ Q

❺ R　❻ S　❼ T

B 대문자는 소문자와 소문자는 대문자와 연결한 다음 따라 써 보세요.

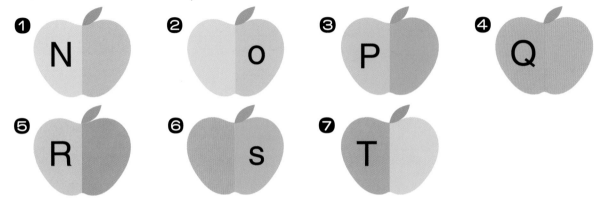

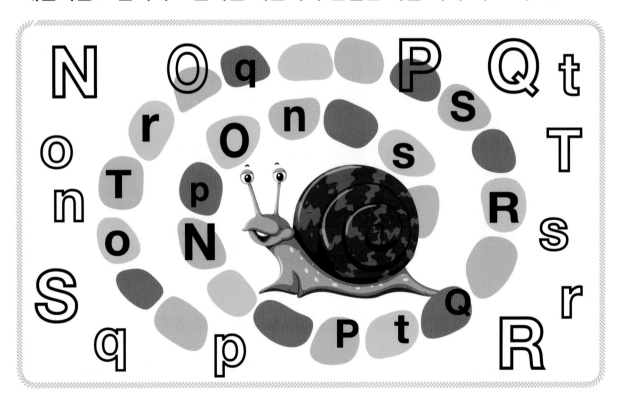

C Nn~Tt까지 알파벳 대문자와 소문자를 순서대로 써 보세요.

D 빈 칸에 들어갈 알맞은 알파벳 글자를 써 보세요.

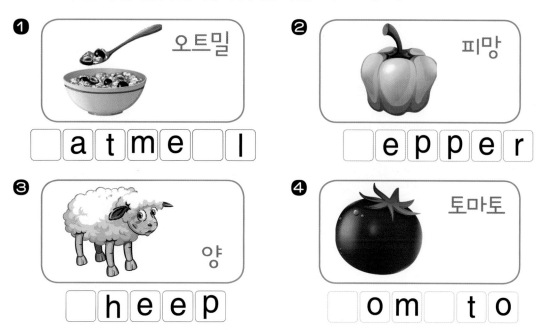

❶ 오트밀 　☐ a t m e ☐ l

❷ 피망 　☐ e p p e r

❸ 양 　☐ h e e p

❹ 토마토 　☐ o m ☐ t o

E 빠진 알파벳 글자를 써 보세요.

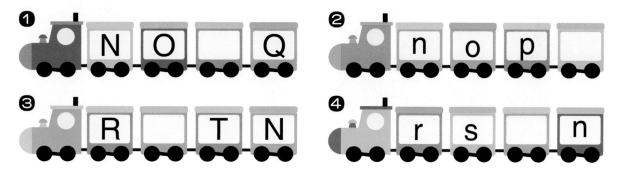

❶ N O ☐ Q

❷ n ☐ o p ☐

❸ R ☐ T N

❹ r s ☐ n

F 다음 그림을 보고 빈칸과 단어를 올바르게 연결하세요.

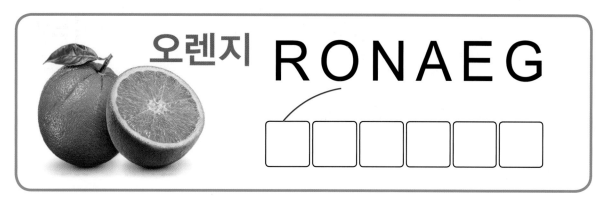

오렌지 RONAEG

☐ ☐ ☐ ☐ ☐ ☐

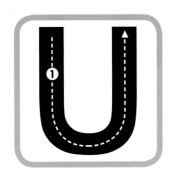

대문자 U [ju: 유-]

대문자 U는 '유'라고 읽어요. 쓸 때는 왼쪽에서 오른쪽으로 한 번에 웅덩이처럼 그리며 써요.

A 대문자 U를 모두 찾아서 동그라미 하세요.

B 대문자 U를 큰소리로 읽으며 따라 쓰면서 익혀 보세요.

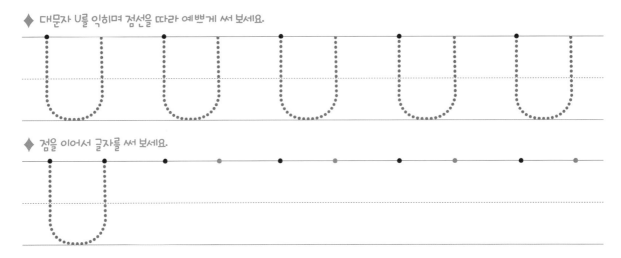

◆ 대문자 U를 익히며 점선을 따라 예쁘게 써 보세요.

◆ 점을 이어서 글자를 써 보세요.

C 대문자 U를 기억하며 글자를 써 보세요.

◆ 선 안쪽을 따라서 써 보세요.

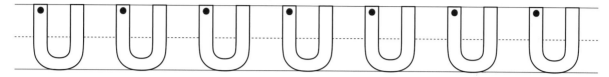

◆ 배운 대로 스스로 정확하게 따라 써 보세요.

D 대문자 U를 연결해서 길을 찾아 보세요.

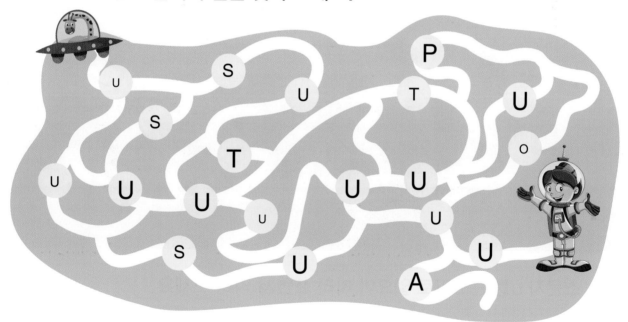

E 다음 그림을 보고 단어의 첫 글자를 넣어 단어를 완성해 보세요.

__ NICORN   __ NDER   __ S

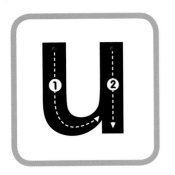

소문자 u [ju: 유-]

소문자 u는 '유-'라고 읽어요. 쓸 때는 크기를 반으로 줄여 아래칸에 작은 갈고리 모양을 그린 후 위로 갔다가 아래로 직선을 그려 써요.

A 소문자 u를 모두 찾아서 동그라미 하세요.

B 소문자 u를 큰소리로 읽으며 따라 쓰면서 익혀 보세요.

◆ 소문자 u를 익히며 점선을 따라 예쁘게 써 보세요.

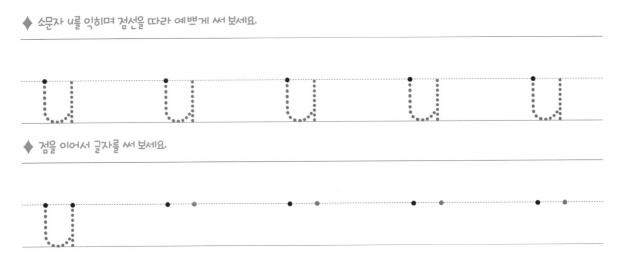

◆ 점을 이어서 글자를 써 보세요.

C 소문자 u를 기억하며 글자를 써 보세요.

◆ 선 안쪽을 따라서 써 보세요.

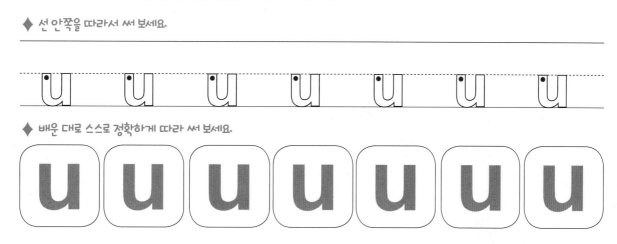

◆ 배운 대로 스스로 정확하게 따라 써 보세요.

D 소문자 u를 연결해서 길을 찾아 보세요.

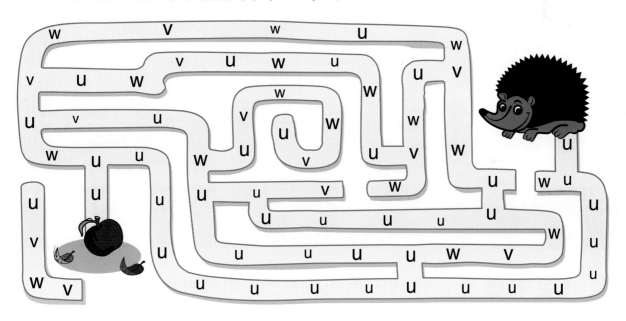

E 다음 그림을 보고 단어의 첫 글자를 소문자로 넣어 완성하고 읽어 보세요.

__ mbrella　　　__ fo　　　__ pstairs

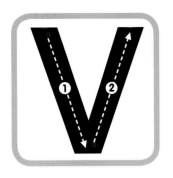

대문자 V [vi: 뷔-]

대문자 V는 '뷔-'라고 읽어요. 쓸 때는 오른쪽 아래 방향으로 대각선을 그린 후 연필을 떼지 않고 이어서 방향을 바꿔 오른쪽 위로 대각선을 그려 써요.

A 대문자 V를 모두 찾아서 동그라미 하세요.

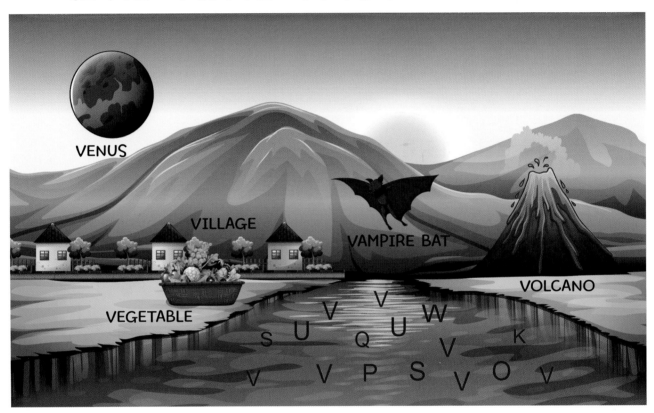

B 대문자 V를 큰소리로 읽으며 따라 쓰면서 익혀 보세요.

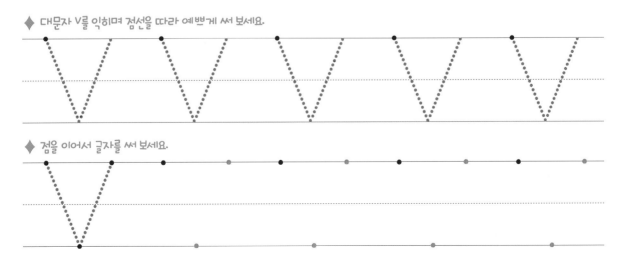

C 대문자 V를 기억하며 글자를 써 보세요.

◆ 선 안쪽을 따라서 써 보세요.

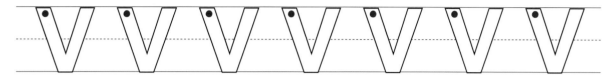

◆ 배운 대로 스스로 정확하게 따라 써 보세요.

D 대문자 V를 연결해서 길을 찾아 보세요.

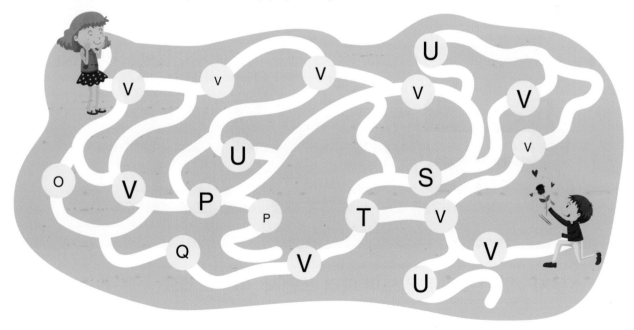

E 다음 그림을 보고 단어의 첫 글자를 넣어 단어를 완성해 보세요.

＿ ASE　　　＿ ENUS　　　＿ IOLIN

소문자 V [vi: 뷔-]

소문자 v는 '뷔-'라고 읽어요. 대문자 V와 글자의 모양은 같지만 크기를 절반으로 줄여 아래칸에 오른쪽 아래 방향으로 대각선을 그린 후 연필을 떼지 않고 이어서 방향을 바꿔 오른쪽 위로 대각선을 그려 써요.

A 소문자 v를 모두 찾아서 동그라미 하세요.

B 소문자 v를 큰소리로 읽으며 따라 쓰면서 익혀 보세요.

◆ 소문자 V를 익히며 점선을 따라 예쁘게 써 보세요.

V V V V V

◆ 점을 이어서 글자를 써 보세요.

V

C 소문자 v를 기억하며 글자를 써 보세요.

◆ 선 안쪽을 따라서 써 보세요.

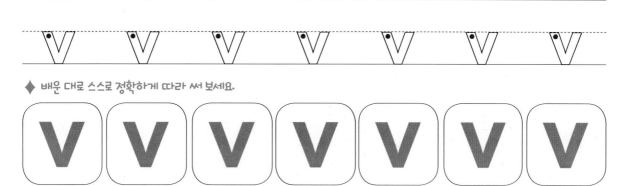

◆ 배운 대로 스스로 정확하게 따라 써 보세요.

D 소문자 v를 연결해서 길을 찾아 보세요.

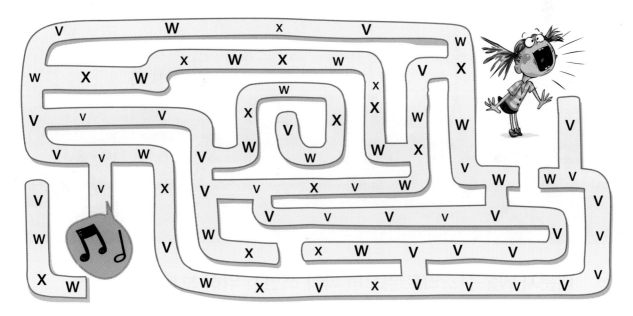

E 다음 그림을 보고 단어의 첫 글자를 소문자로 넣어 완성하고 읽어 보세요.

_ an   _ owel   _ olcano

대문자 W [dʌblju: 더블유-]

대문자 W는 '더블유-'라고 읽어요. 쓸 때는 V를 두 번 이어서 연필을 떼지 않고 한 번에 써요.

A 대문자 W를 모두 찾아서 동그라미 하세요.

B 대문자 W를 큰소리로 읽으며 따라 쓰면서 익혀 보세요.

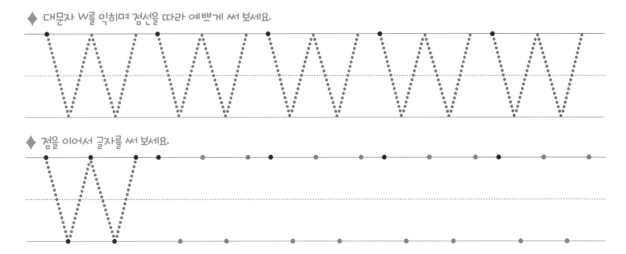

◆ 대문자 W를 익히며 점선을 따라 예쁘게 써 보세요.

◆ 점을 이어서 글자를 써 보세요.

C 대문자 W를 기억하며 글자를 써 보세요.

◆ 선 안쪽을 따라서 써 보세요.

◆ 배운 대로 스스로 정확하게 따라 써 보세요.

D 대문자 W를 연결해서 길을 찾아 보세요.

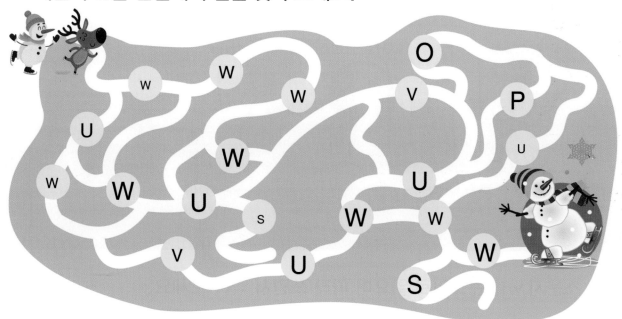

E 다음 그림을 보고 단어의 첫 글자를 넣어 단어를 완성해 보세요.

__ ING   __ HALE   __ INDOW

소문자 W [dʌbljù: 더블유-]

소문자 w는 '더블유-'라고 읽어요. 대문자 W와 글자의 모양은 같지만 소문자는 크기를 반으로 줄여 아래칸에 V를 두 번 이어서 연필을 떼지 않고 한 번에 써요.

A 소문자 w를 모두 찾아서 동그라미 하세요.

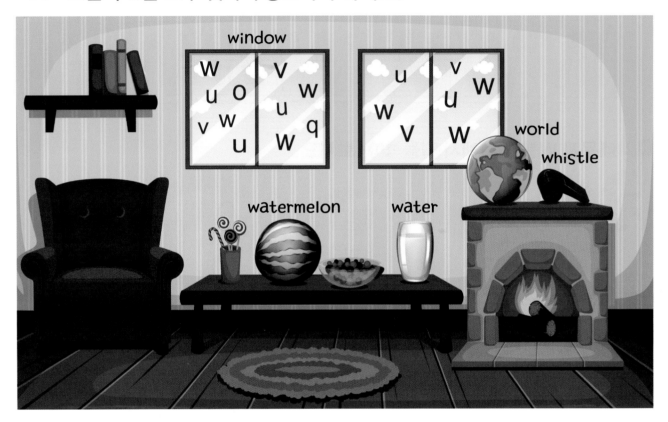

B 소문자 w를 큰소리로 읽으며 따라 쓰면서 익혀 보세요.

◆ 소문자 w를 익히며 점선을 따라 예쁘게 써 보세요.

w   w   w   w   w

◆ 점을 이어서 글자를 써 보세요.

w

C 소문자 w를 기억하며 글자를 써 보세요.

◆ 선 안쪽을 따라서 써 보세요.

◆ 배운 대로 스스로 정확하게 따라 써 보세요.

D 소문자 w를 연결해서 길을 찾아 보세요.

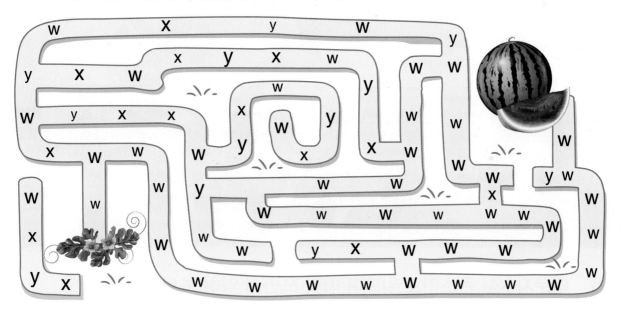

E 다음 그림을 보고 단어의 첫 글자를 소문자로 넣어 완성하고 읽어 보세요.

— heel   — orld   — histle

대문자 X [eks 엑스]

대문자 X는 '엑스'라고 읽어요. 쓸 때는 서로 반대 방향인 두 개의 사선이 중앙에서 만나도록 써요.

A 대문자 X를 모두 찾아서 동그라미 하세요.

B 대문자 X를 큰소리로 읽으며 따라 쓰면서 익혀 보세요.

◆ 대문자 X를 익히며 점선을 따라 예쁘게 써 보세요.

◆ 점을 이어서 글자를 써 보세요.

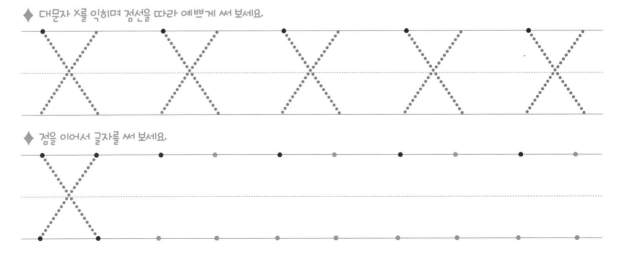

C 대문자 X를 기억하며 글자를 써 보세요.

◆ 선 안쪽을 따라서 써 보세요.

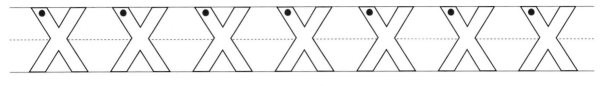

◆ 배운 대로 스스로 정확하게 따라 써 보세요.

D 대문자 X를 연결해서 길을 찾아 보세요.

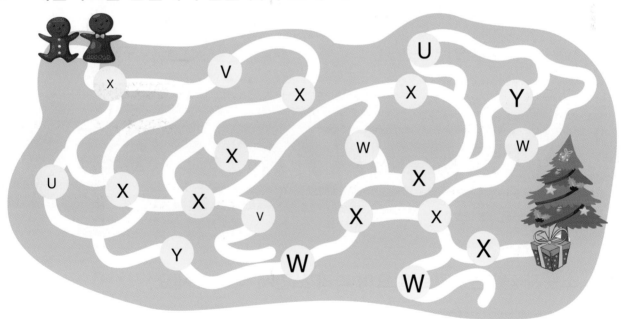

E 다음 그림을 보고 단어의 빠진 글자를 넣어 단어를 완성해 보세요.

__ MAS   FO __   __ -RAY

소문자 X [eks 엑스]

소문자 x는 '엑스'라고 읽어요. 대문자 X와 글자의 모양은 같지만 크기를 반으로 줄여 아래칸에 맞춰서 서로 반대 방향인 두 개의 사선이 중앙에서 만나도록 써요.

A 소문자 x를 모두 찾아서 동그라미 하세요.

B 소문자 x를 큰소리로 읽으며 따라 쓰면서 익혀 보세요.

◆ 소문자 x를 익히며 점선을 따라 예쁘게 써 보세요.

✕ ✕ ✕ ✕ ✕

◆ 점을 이어서 글자를 써 보세요.

✕

C 소문자 x를 기억하며 글자를 써 보세요.

◆ 선 안쪽을 따라서 써 보세요.

X X X X X X X

◆ 배운 대로 스스로 정확하게 따라 써 보세요.

X X X X X X X

D 소문자 x를 연결해서 길을 찾아 보세요.

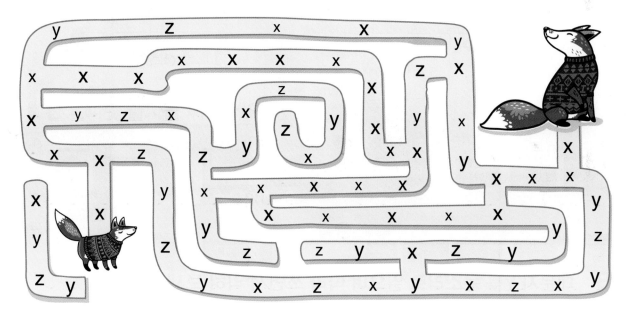

E 다음 그림을 보고 단어의 빠진 글자를 소문자로 넣어 완성하고 읽어 보세요.

__ enops   __ ylophone   bo __

대문자 Y [wai 와이]

대문자 Y는 '와이'라고 읽어요. 쓸 때는 V처럼 먼저 쓴 다음 연필을 떼지 않고 V자 아래 중앙에서 밑으로 직선을 그어 써요.

A 대문자 Y를 모두 찾아서 동그라미 하세요.

B 대문자 Y를 큰소리로 읽으며 따라 쓰면서 익혀 보세요.

◆ 대문자 Y를 익히며 점선을 따라 예쁘게 써 보세요.

◆ 점을 이어서 글자를 써 보세요.

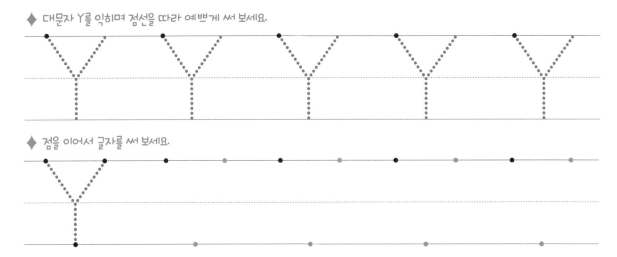

C 대문자 Y를 기억하며 글자를 써 보세요.

◆ 선 안쪽을 따라서 써 보세요.

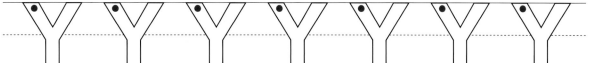

◆ 배운 대로 스스로 정확하게 따라 써 보세요.

D 대문자 Y를 연결해서 길을 찾아 보세요.

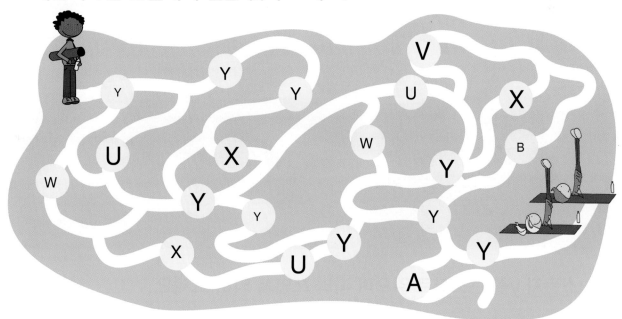

E 다음 그림을 보고 단어의 첫 글자를 넣어 단어를 완성해 보세요.

__ ACHT　　　　__ O-YO　　　　__ AWN

소문자 y [wai 와이]

소문자 y는 '와이'라고 읽어요. 대문자 Y와 글자의 모양은 비슷하지만 소문자는 아래칸에 쓰되 작게 오른쪽으로 사선을 긋고 왼쪽 아래 방향 으로 사선을 길게 그려 써요.

A 소문자 y를 모두 찾아서 동그라미 하세요.

B 소문자 y를 큰소리로 읽으며 따라 쓰면서 익혀 보세요

◆ 소문자 y를 익히며 점선을 따라 예쁘게 써 보세요.

y   y   y   y   y

◆ 점을 이어서 글자를 써 보세요.

y

C 소문자 y를 기억하며 글자를 써 보세요.

◆ 선 안쪽을 따라서 써 보세요.

y y y y y y y

◆ 배운 대로 스스로 정확하게 따라 써 보세요.

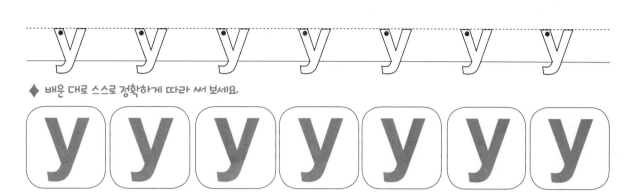

y y y y y y y

D 소문자 y를 연결해서 길을 찾아 보세요.

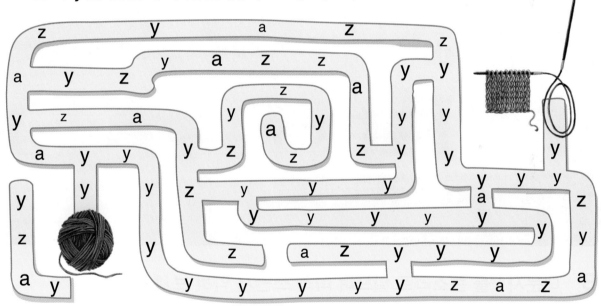

E 다음 그림을 보고 단어의 첫 글자를 소문자로 넣어 완성하고 읽어 보세요.

__ oghurt   __ ak   __ ellow

대문자 Z [zi: 지-]

대문자 Z는 '지-'라고 읽어요. 쓸 때는 3개의 선을 한 번에 이어서 맨 위와 아래는 평행이 되게 가운데는 지그재그로 그려 써요.

A 대문자 Z를 모두 찾아서 동그라미 하세요.

B 대문자 Z를 큰소리로 읽으며 따라 쓰면서 익혀 보세요.

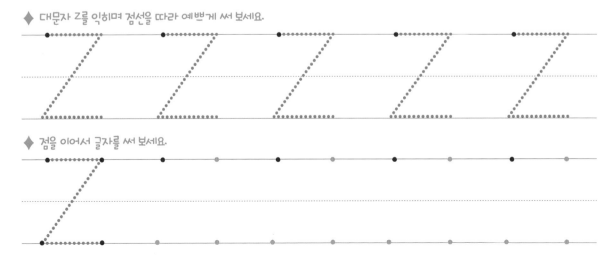

◆ 대문자 Z를 익히며 점선을 따라 예쁘게 써 보세요.

◆ 점을 이어서 글자를 써 보세요.

C 대문자 Z를 기억하며 글자를 써 보세요.

◆ 선 안쪽을 따라서 써 보세요.

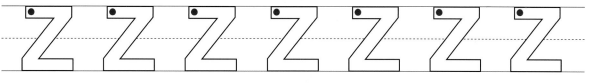

◆ 배운 대로 스스로 정확하게 따라 써 보세요.

Z Z Z Z Z Z Z

D 대문자 Z를 연결해서 길을 찾아 보세요.

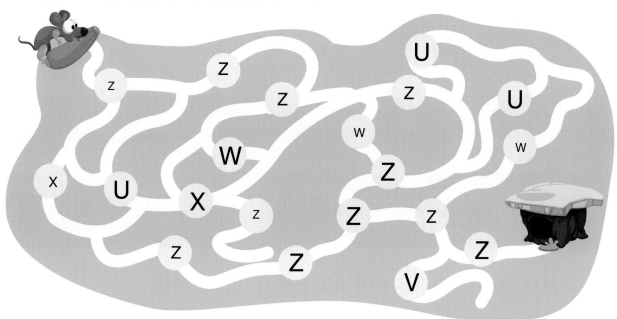

E 다음 그림을 보고 단어의 첫 글자를 넣어 단어를 완성해 보세요.

__ IGZAG   __ EBRA   __ OO

소문자 z [zi: 지-]

소문자 z는 '지-'라고 읽어요. 대문자 Z와 글자의 모양은 같지만 크기를 반으로 줄여 아래칸에 맞춰서 3개의 선을 한 번에 이어서 맨 위와 아래는 평행이 되게 가운데는 지그재그로 그려 써요.

A 소문자 z를 모두 찾아서 동그라미 하세요.

B 소문자 z를 큰소리로 읽으며 따라 쓰면서 익혀 보세요.

◆ 소문자 z를 익히며 점선을 따라 예쁘게 써 보세요.

z z z z z

◆ 점을 이어서 글자를 써 보세요.

z

C 소문자 z를 기억하며 글자를 써 보세요.

♦ 선 안쪽을 따라서 써 보세요.

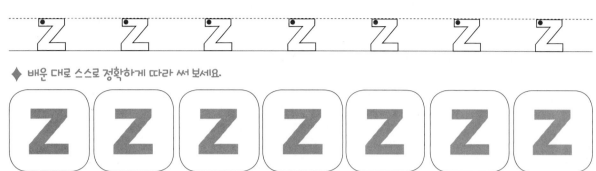

♦ 배운 대로 스스로 정확하게 따라 써 보세요.

Z Z Z Z Z Z Z

D 소문자 z를 연결해서 길을 찾아 보세요.

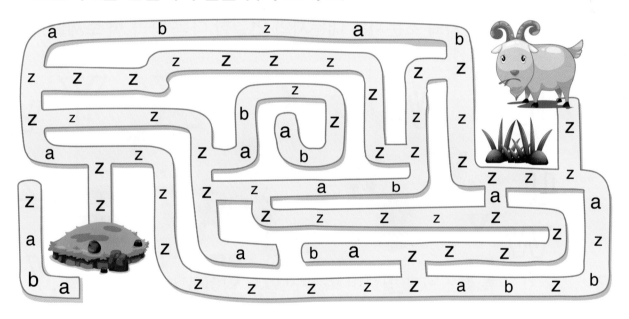

E 다음 그림을 보고 단어의 첫 글자를 소문자로 넣어 완성하고 읽어 보세요.

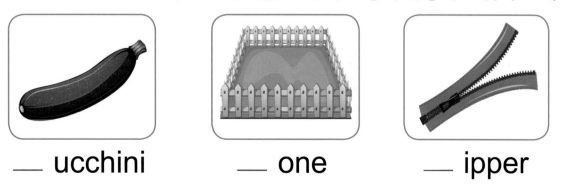

＿ ucchini ＿ one ＿ ipper

재미있게 연습하기 04

A 대문자에 맞는 소문자, 소문자에 맞는 대문자를 써 보세요.

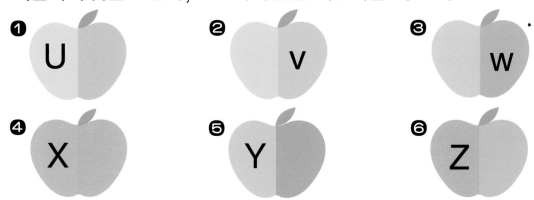

❶ U
❷ V
❸ W
❹ X
❺ Y
❻ Z

B 대문자는 소문자와 소문자는 대문자와 연결한 다음 따라 써 보세요.

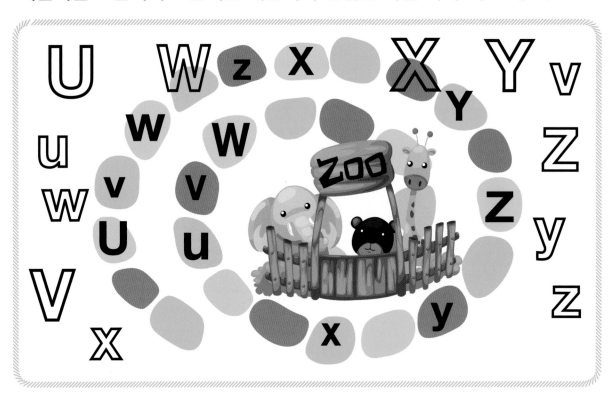

C Uu~Zz까지 알파벳 대문자와 소문자를 써 보세요.

D 빈 칸에 들어갈 알맞은 알파벳 글자를 써 보세요.

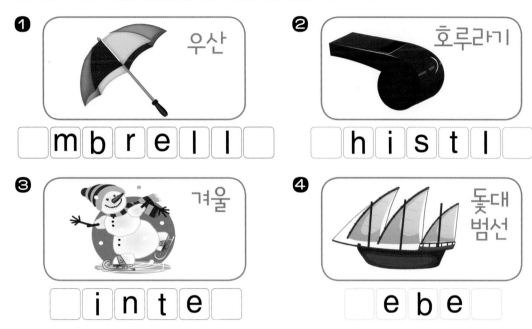

❶ 우산

☐ m b r e l l ☐

❷ 호루라기

h i s t l ☐

❸ 겨울

☐ i n t e ☐

❹ 돛대 범선

☐ e b e ☐

E 빠진 알파벳 글자를 써 보세요.

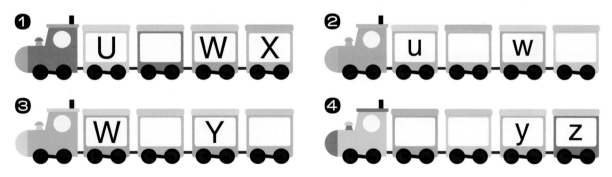

❶ U ☐ W X ☐

❷ u ☐ ☐ w ☐

❸ W ☐ Y ☐

❹ ☐ ☐ y z

F 다음 그림을 보고 빈칸과 단어를 올바르게 연결하세요.

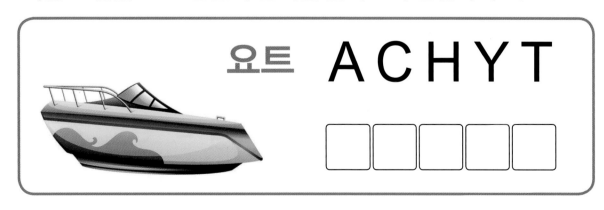

요트 A C H Y T

☐ ☐ ☐ ☐ ☐

즐거운 알파벳 퀴즈 02

A 초콜릿 조각을 N→O→P 순서대로 따라가서 마지막 알파벳에 ○ 하세요.

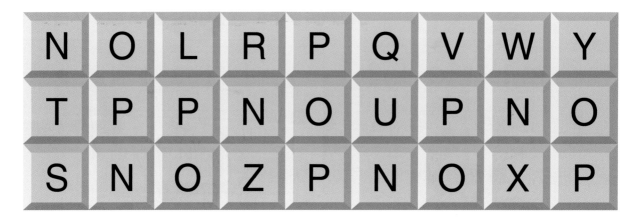

N	O	L	R	P	Q	V	W	Y
T	P	P	N	O	U	P	N	O
S	N	O	Z	P	N	O	X	P

B 빠진 알파벳 글자를 쓰세요.

❶ N 　 P

❷ R 　 T

❸ u 　 W

❹ x 　 Z

C 다음 그림을 보고 단어의 첫 알파벳에 동그라미 하세요.

❶
w i b o r a n

❷
t r e e

❸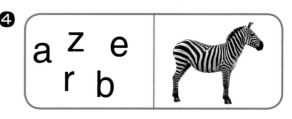
y o u t g h r

❹
a z e r b

D 단어의 첫 알파벳을 대문자와 소문자를 써 보세요.

❶

❷

❸

❹

E 쥐가 치즈를 먹으러 가요. 가는 길에 빠진 알파벳 글자를 쓰세요.

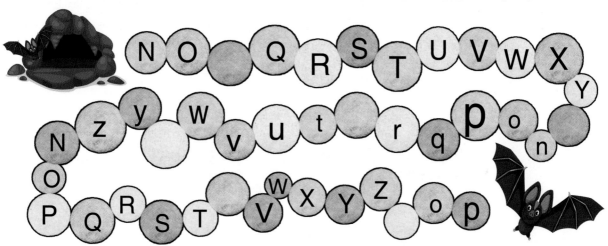

F 알파벳의 대문자와 소문자를 알맞게 연결해 보세요.

❶ O · · p
❷ W · · o
❸ P · · w
❹ N · · n
❺ Y · · y

❻ Q · · u
❼ Z · · t
❽ R · · z
❾ T · · r
❿ U · · q

재미있는 알파벳 카드 놀이!

알파벳 카드로 재미있는 게임을 해보세요.

1. 먼저 선을 따라 잘라서 알파벳 카드를 만듭니다.

2. 카드를 바닥에 펼쳐 놓고 벽이나 바닥에 알파벳을 처음부터 순서대로 놓으며 맞춰봅니다.

3. A~Z까지 대문자 카드나 소문자 카드를 바닥에 순서대로 올려놓고 한 글자를 뺀 후 빠진 부분을 맞춰봅니다.

4. A~Z까지 대문자 카드나 소문자 카드를 바닥에 순서대로 올려놓고 손가락으로 따라서 써 봅니다.

5. 앞뒤로 뒤집으면서 알파벳을 맞춰봅니다.

6. 앞뒤로 뒤집으면서 알파벳을 소리내어 읽어봅니다.

7. 틀린 것은 따로 모아놓았다가 다시 한번 암기합니다.

8. 틀린 것만 다시 한번 읽으며 맞춰봅니다.

A

B

C

D

E

F

대문자 카드 만들기

대문자 카드 만들기

G

H

I

J

K

L

대문자 카드 만들기

M

N

O

P

Q

R

대문자 카드 만들기

S

T

U

V

W

X

대문자 카드 만들기

Y
Z
a
b
c
d

e

f

g

h

i

j

소문자 카드 만들기

k

l

m

n

o

p

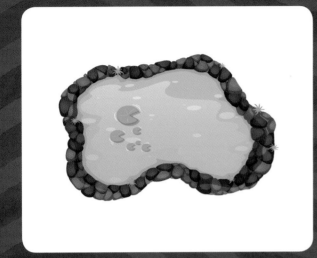

q

r

s

t

u

v

소문자 카드 만들기

소문자 카드 만들기

w

x

y

z

소문자 카드 만들기

Part 2

초등 필수
영단어 900
실용편

1-2 학년[교육부 지정]
3-4 학년[교육부 지정]
5-6 학년[교육부 지정]

Family 가족

◈ 그림을 보며 단어를 익힌 후, 빈칸에 단어를 따라 써 보세요. 🎧 01

family

family
[fǽməli] 패멀리
가족

grandparents

grandparents
[grǽndpɛərənt] 그랜드페어런츠
조부모

grandfather

grandfather
[grǽndfɑ̀ːðər] 그랜드파-더
할아버지

grandmother

grandmother
[grǽndmʌ̀ðər] 그랜드머더
할머니

parents

parents
[pɛ́ərənt] 페어런츠
부모

father

father
[fɑ́ːðər] 파-더
아버지

mother

mother
[mʌ́ðər] 머더
어머니

brother

brother
[brʌ́ðə] 브러더
오빠, 형, 남동생(남자형제)

sister

sister
[sístər] 씨스터
언니, 누나,
여동생(여자형제)

together

together
[təgéðər] 터게더
함께, 같이

Greeting 인사

◈ 그림을 보며 단어를 익힌 후, 빈칸에 단어를 따라 써 보세요. 🎧 01

hi

hi
[hai] 하이
안녕

hello

hello
[hǽlou] 헬로우
안녕하세요

bye

bye
[bai] 바이
안녕, 잘 가

good

good
[gud] 굳
좋은

morning

morning
[mɔ́ːrnin] 모-닝
아침, 오전

afternoon

afternoon
[æftərnúːn] 앱터누-ㄴ
점심, 오후

evening

evening
[íːvnin] 이-브닝
저녁

night

night
[nait] 나이트
밤

fine

fine
[fain] 파인
좋은, 맑은

okay

okay
[óukéi] 오케이
좋아/괜찮아

Number 숫자

◆ 그림을 보며 단어를 익힌 후, 빈칸에 단어를 따라 써 보세요. 🎧 01

one

one
[wʌn] 원
하나의, 한 개

two

two
[tuː] 투-
둘의, 두 개

three

three
[θriː] 스리
셋의, 세 개

four

four
[fɔːr] 포-
넷의, 네 개

five

five
[faiv] 파이브
다섯의, 다섯 개

six

six
[siks] 식스
여섯의, 여섯 개

seven

seven
[sévən] 세븐
일곱의, 일곱 개

eight

eight
[eit] 에잇
여덟의, 여덟 개

nine

nine
[nain] 나인
아홉의, 아홉 개

ten

ten
[ten] 텐
열의, 열 개

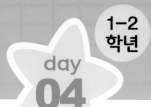
I · We 나·우리

◈ 그림을 보며 단어를 익힌 후, 빈칸에 단어를 따라 써 보세요 🎧 01

I
[ai] 아이
나

I

you
[juː] 유-
너, 너희

you

he
[hiː] 히-
그

he

she
[ʃiː] 쉬-
그녀

she

we
[wiː] 위-
우리가, 우리는

we

they
[ðei] 데이
그들

they

it
[it] 잍
그것

it

this
[ðis] 디스
이것

this

that
[ðæt] 댇
저것

that

everyone
[évriwʌn] 에브리원
모든 사람, 누구나

everyone

day
05

Face 얼굴

◈ 그림을 보며 단어를 익힌 후, 빈칸에 단어를 따라 써 보세요. 🎧 01

face
[feis] 페이스
얼굴

face

eyebrow
[áibràu] 아이브라우
눈썹

eyebrow

eye
[ai] 아이
눈

eye

nose
[nouz] 노우즈
코

nose

ear
[iər] 이어
귀

ear

mouth
[mauθ] 마우쓰
입

mouth

lip
[lip] 립
입술

lip

tooth
[tuːθ] 투-쓰
이, 치아

tooth

cheek
[tʃiːk] 치-크
뺨, 볼

cheek

chin
[tʃin] 친
턱

chin

Body 몸, 신체

◈ 그림을 보며 단어를 익힌 후, 빈칸에 단어를 따라 써 보세요. 🎧 01

hair
[hɛər] 헤어
머리카락

hair

head
[hed] 헤드
머리

head

neck
[nek] 넥
목

neck

shoulder
[ʃóuldər] 쇼울더
어깨

shoulder

arm
[ɑːrm] 아-암
팔

arm

hand
[hænd] 핸드
손

hand

finger
[fíŋɡər] 핑거
손가락

finger

leg
[leg] 렉
다리

leg

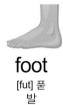

foot
[fut] 풋
발

foot

toe
[tou] 토우
발가락

toe

Pet 반려동물

◈ 그림을 보며 단어를 익힌 후, 빈칸에 단어를 따라 써 보세요. 🎧 01

pet

pet
[pet] 펫
반려동물

dog

dog
[dɔːg] 도-ㄱ
개

cat

cat
[kæt] 캣
고양이

rabbit

rabbit
[rǽbit] 래빋
토끼

bird

bird
[bəːrd] 버-드
새

fish

fish
[fiʃ] 피쉬
물고기

turtle

turtle
[təːrtl] 터-틀
거북이

frog

frog
[frɔːg] 프로-ㄱ
개구리

snake

snake
[sneik] 스네이크
뱀

hamster

hamster
[hǽmstər] 햄스터
햄스터

Food 음식

◈ 그림을 보며 단어를 익힌 후, 빈칸에 단어를 따라 써 보세요. 🎧 01

rice

rice
[rais] 라이스
밥, 쌀밥

bread

bread
[bred] 브레드
빵

jam

jam
[dʒæm] 잼
잼

sandwich

sandwich
[sǽndwitʃ] 샌드위치
샌드위치

cheese

cheese
[tʃiːz] 치-즈
치즈

butter

butter
[bʌ́tər] 버터
버터

tea

tea
[tiː] 티-
차

milk

milk
[milk] 밀크
우유

juice

juice
[dʒuːs] 쥬-스
주스

water

water
[wɔ́ːtər] 워-터
물

Fruit 과일

◈ 그림을 보며 단어를 익힌 후, 빈칸에 단어를 따라 써 보세요. 🎧 01

apple

apple
[ǽpl] 애플
사과

pear

pear
[pɛər] 페어
배

peach

peach
[piːtʃ] 피-취
복숭아

orange

orange
[ɔ́ːrindʒ] 오-린쥐
오렌지

grape

grape
[greip] 그레이프
포도

strawberry

strawberry
[strɔ́ːbèri] 스트로-베리
딸기

banana

banana
[bənǽnə] 버내너
바나나

kiwi

kiwi
[kíːwi] 키-위
키위

lemon

lemon
[lémən] 레먼
레몬

watermelon

watermelon
[wɔ́ːtərmèlən] 워-터멜런
수박

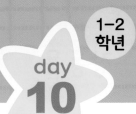

day 10 1-2 학년

Vegetable 야채

◆ 그림을 보며 단어를 익힌 후, 빈칸에 단어를 따라 써 보세요. 🎧 01

tomato

tomato
[təméitou] 터메이토우
토마토

carrot

carrot
[kǽrət] 캐럳
당근

potato

potato
[pətéitou] 퍼테이토우
감자

sweet potato

sweet potato
[swiːt pətéitou] 스윗- 퍼테이토우
고구마

corn

corn
[kɔːrn] 콘-
옥수수

onion

onion
[ʌ́njən] 어년
양파

bean

bean
[biːn] 빈-
콩

cabbage

cabbage
[kǽbidʒ] 캐비쥐
양배추

cucumber

cucumber
[kjúːkʌmbər] 큐-컴버
오이

pumpkin

pumpkin
[pʌ́mpkin] 펌킨
호박

초등 필수 영단어 900 실용편 **155**

Farm animal 농장동물

◈ 그림을 보며 단어를 익힌 후, 빈칸에 단어를 따라 써 보세요. 🎧 01

horse

horse
[hɔːrs] 호-스
말, (성장한) 수말

rooster

rooster
[rúːstər] 루-스터
수탉

hen

hen
[hen] 헨
암탉

sheep

sheep
[ʃiːp] 쉬-ㅍ
양

cow

cow
[kau] 카우
암소, 젖소

goat

goat
[gout] 고우트
염소

duck

duck
[dʌk] 덕
오리

goose

goose
[guːs] 구-스
거위

pig

pig
[pig] 피그
돼지

mouse

mouse
[maus] 마우스
쥐, 생쥐

Wild animal 야생동물

◆ 그림을 보며 단어를 익힌 후, 빈칸에 단어를 따라 써 보세요.  01

tiger
tiger
[táigər] 타이거
호랑이

lion
lion
[láiən] 라이언
사자

elephant
elephant
[éləfənt] 엘러펀트
코끼리

bear
bear
[bɛər] 베어
곰

gorilla
gorilla
[gərílə] 거릴러
고릴라

monkey
monkey
[mʌ́ŋki] 멍키
원숭이

alligator
alligator
[ǽligèitər] 앨리게이터
악어

wolf
wolf
[wulf] 울프
늑대

fox
fox
[fɑːks] 팍-스
여우

zebra
zebra
[zíːbrə] 지-브러
얼룩말

Looks 모습

◆ 그림을 보며 단어를 익힌 후, 빈칸에 단어를 따라 써 보세요. 🎧 01

new
new
[nuː] 뉴-
새로운

ugly
ugly
[ʌ́gli] 어글리
못생긴

tall
tall
[tɔːl] 톨-
키가 큰

fat
fat
[fæt] 팯
뚱뚱한

pretty
pretty
[príti] 프리티
예쁜

beautiful
beautiful
[bjúːtifəl] 뷰-티플
아름다운

heavy
heavy
[hévi] 헤비
무거운

light
light
[lait] 라이트
가벼운

bright
bright
[brait] 브라이트
밝은

dark
dark
[dɑːrk] 다-크
어두운

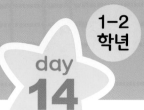

Color 색깔

◆ 그림을 보며 단어를 익힌 후, 빈칸에 단어를 따라 써 보세요. 🎧 01

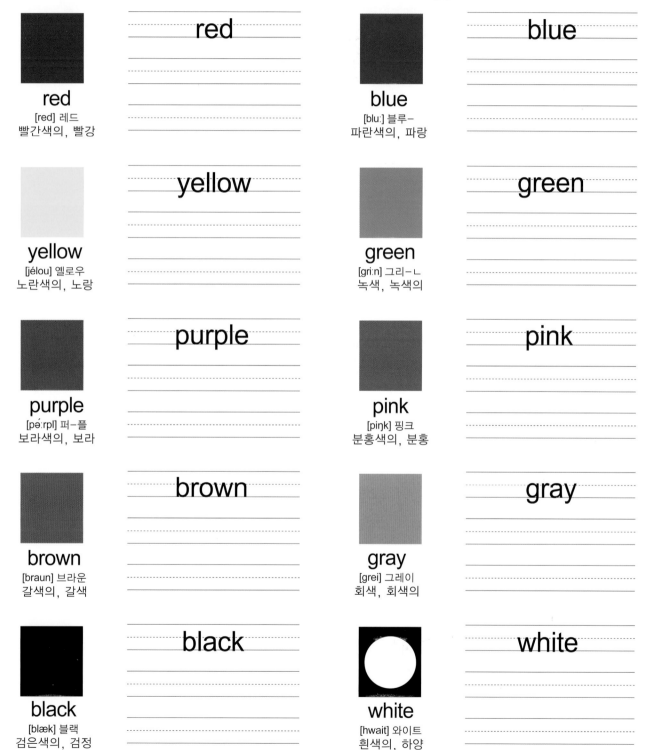

red

red
[red] 레드
빨간색의, 빨강

blue

blue
[blu:] 블루-
파란색의, 파랑

yellow

yellow
[jélou] 옐로우
노란색의, 노랑

green

green
[gri:n] 그리-ㄴ
녹색, 녹색의

purple

purple
[pə́:rpl] 퍼-플
보라색의, 보라

pink

pink
[piŋk] 핑크
분홍색의, 분홍

brown

brown
[braun] 브라운
갈색의, 갈색

gray

gray
[grei] 그레이
회색, 회색의

black

black
[blæk] 블랙
검은색의, 검정

white

white
[hwait] 와이트
흰색의, 하양

day 15 Clothes 옷

◆ 그림을 보며 단어를 익힌 후, 빈칸에 단어를 따라 써 보세요. 🎧 01

clothes

clothes
[klouz] 클로우즈
옷

shirt

shirt
[ʃəːrt] 셔-트
셔츠, 와이셔츠

blouse

blouse
[blaus] 블라우스
블라우스

skirt

skirt
[skəːrt] 스커-트
치마, 스커트

dress

dress
[dres] 드레스
드레스, 옷을 입다

pants

pants
[pænts] 팬츠
바지

jeans

jeans
[dʒiːnz] 진-즈
청바지

jacket

jacket
[dʒǽkit] 재킷
재킷

socks

socks
[saks] 싹스
양말

shoes

shoes
[ʃuːz] 슈-즈
신발

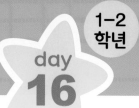
Feeling 감정

◆ 그림을 보며 단어를 익힌 후, 빈칸에 단어를 따라 써 보세요. 🎧 01

happy
[hǽpi] 해피
행복한

happy

sad
[sæd] 새드
슬픈

sad

glad
[glæd] 글래드
기쁜, 즐거운,
반가운

glad

angry
[ǽŋgri] 앵그리
화가 난, 성난

angry

bored
[bɔːrd] 보-드
지루한

bored

excited
[iksáitid] 익사이티드
신나는, 들뜬, 흥분한

excited

sorry
[sári] 싸리
미안한

sorry

thank
[θæŋk] 쌩크
~에게 감사하다

thank

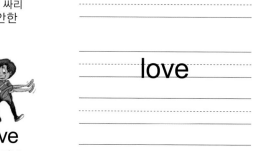

love
[lʌv] 러브
사랑하다

love

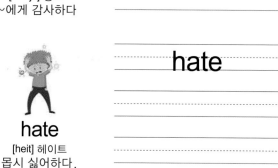

hate
[heit] 헤이트
몹시 싫어하다,
미워하다

hate

School 학교

그림을 보며 단어를 익힌 후, 빈칸에 단어를 따라 써 보세요. 01

class
[klæs] 클래스
학급, 반

class

computer
[kəmpjúːtər] 컴퓨−터
컴퓨터

computer

teacher
[tíːtʃər] 티−쳐
교사, 선생

teacher

student
[stjúːdənt] 스튜−던트
학생

student

friend
[frend] 프렌드
친구

friend

blackboard
[blǽkbɔ̀ːrd] 블랙보−드
칠판

blackboard

chalk
[tʃɔːk] 초−크
분필

chalk

desk
[desk] 데스크
책상

desk

chair
[tʃɛər] 체어
의자

chair

absent
[ǽbsənt] 앱선트
결석한

absent

School supplies 학용품

◆ 그림을 보며 단어를 익힌 후, 빈칸에 단어를 따라 써 보세요. 01

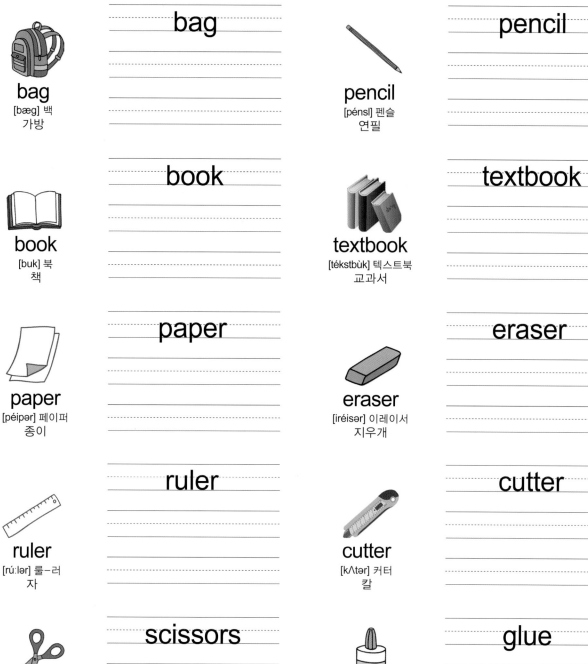

bag

bag
[bæg] 백
가방

pencil

pencil
[pénsl] 펜슬
연필

book

book
[buk] 북
책

textbook

textbook
[tékstbùk] 텍스트북
교과서

paper

paper
[péipər] 페이퍼
종이

eraser

eraser
[iréisər] 이레이서
지우개

ruler

ruler
[rúːlər] 룰-러
자

cutter

cutter
[kʌ́tər] 커터
칼

scissors

scissors
[sízərz] 시저즈
가위

glue

glue
[gluː] 글루-
풀, 접착제

Nature 자연

◆ 그림을 보며 단어를 익힌 후, 빈칸에 단어를 따라 써 보세요. 🎧 01

sun
sun
[sʌn] 썬
해양, 해

moon
moon
[muːn] 문-
달

star
star
[staːr] 스타-
별

sky
sky
[skai] 스카이
하늘

mountain
mountain
[máuntən] 마운틴
산

land
land
[lænd] 랜드
땅, 육지

tree
tree
[triː] 트리-
나무

river
river
[rívər] 리버
강

lake
lake
[leik] 레이크
호수

sea
sea
[siː] 씨-
바다

Weather 날씨

◈ 그림을 보며 단어를 익힌 후, 빈칸에 단어를 따라 써 보세요. 01

sunny
[sʌ́ni] 써니
맑은, 화창한

sunny

cloudy
[kláudi] 클라우디
흐린, 구름이 많은

cloudy

foggy
[fɔ́ːgi] 포-기
안개가 낀

foggy

windy
[wíndi] 윈디
바람이 부는, 바람이 센

windy

rainy
[réini] 레이니
비가 오는

rainy

snowy
[snóui] 스노위
눈이 내리는

snowy

storm
[stɔːrm] 스토-ㅁ
폭풍, 폭풍우

storm

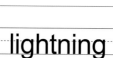

lightning
[láitniŋ] 라이트닝
번개

lightning

thunder
[θʌ́ndər] 선더-
천둥

thunder

rainbow
[réinbòu] 레인보우
무지개

rainbow

Job 직업

◆ 그림을 보며 단어를 익힌 후, 빈칸에 단어를 따라 써 보세요. 🎧 01

cook

cook
[kuk] 쿡
요리사

doctor

doctor
[dɑ́ktər] 닥터
의사

nurse

nurse
[nəːrs] 너-스
간호사

scientist

scientist
[sáiəntist] 사이언티스트
과학자

farmer

farmer
[fɑ́ːrmə] 파-머
농부

police officer

police officer
[pəlíːs ɔ́ːfisər] 폴리-스오-피서
경찰관

writer

writer
[ráitər] 라이터
작가

artist

artist
[ɑ́ːrtist] 아-티스트
예술가, 화가

musician

musician
[mjuːzíʃən] 뮤-지션
음악가

model

model
[mɑ́dl] 마들
모델

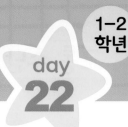
Sport 스포츠, 운동

◈ 그림을 보며 단어를 익힌 후, 빈칸에 단어를 따라 써 보세요. 🎧 01

soccer

soccer
[sɑ́kər] 싸커
축구

baseball

baseball
[béisbɔ̀ːl] 베이스보―ㄹ
야구

basketball

basketball
[bǽskitbɔ̀ːl] 배스킷보―ㄹ
농구

volleyball

volleyball
[válibɔ̀ːl] 발리볼―
배구

table tennis

table tennis
[téibl ténis] 테이블 테니스
탁구

tennis

tennis
[ténis] 테니스
테니스

boxing

boxing
[báksiŋ] 박싱
권투, 복싱

inline skate

inline skate
[ìnláin skeit] 인라인스케이트
인라인스케이트

skate

skate
[skeit] 스케이트
스케이트를 타다

ski

ski
[skiː] 스키―
스키를 타다

Transportation 교통 수단

◆ 그림을 보며 단어를 익힌 후, 빈칸에 단어를 따라 써 보세요. 🎧 01

road

road
[roud] 로우드
도로, 길

bicycle

bicycle
[báisikəl] 바이시클
자전거

motorcycle

motorcycle
[móutərsàikl]
모우터싸이클
오토바이

car

car
[kɑːr] 카—
차, 자동차

bus

bus
[bʌs] 버스
버스

truck

truck
[trʌk] 트럭
트럭, 화물차

subway

subway
[sʌ́bwèi] 섭웨이
지하철

train

train
[trein] 트레인
기차, 열차

ship

ship
[ʃip] 쉽
배, 여객선

airplane

airplane
[ɛ́ərplèin] 에어플레인
비행기

House 집

◆ 그림을 보며 단어를 익힌 후, 빈칸에 단어를 따라 써 보세요. 01

house
[haus] 하우스
집

house

roof
[ru:f] 루-프
지붕

roof

window
[wíndou] 윈도우
창문

window

door
[dɔːr] 도-
문

door

room
[ru:m] 룸-
방

room

living room
[líviŋrùːm] 리빙룸-
거실

living room

bedroom
[bédrùːm] 베드룸-
침실

bedroom

bathroom
[bǽθrùːm] 배쓰룸-
욕실

bathroom

kitchen
[kítʃən] 키췬
부엌

kitchen

elevator
[éləvèitər] 엘러베이터
승강기, 엘리베이터

elevator

Living room 거실

◆ 그림을 보며 단어를 익힌 후, 빈칸에 단어를 따라 써 보세요. 🎧 01

curtain

curtain
[kə́ːrtn] 커-튼
커튼

sofa

sofa
[sóufə] 쏘우퍼
소파

table

table
[téibl] 테이블
탁자, 테이블

newspaper

newspaper
[nuːzpeiˌpər] 뉴즈페이퍼
신문

radio

radio
[réidiòu] 레이디오우
라디오

television

television
[téləvìʒən] 텔러비전
텔레비전

telephone

telephone
[téləfòun] 텔러포운
전화기, 전화

picture

picture
[píttʃər] 픽쳐
그림, 사진

clock

clock
[klɑk] 클락
시계

floor

floor
[flɔːr] 플로-어
바닥, 마루

Bedroom 침실

◆ 그림을 보며 단어를 익힌 후, 빈칸에 단어를 따라 써 보세요. 🎧 01

bed

bed
[bed] 베드
침대

pillow

pillow
[pílou] 필로우
베개

blanket

blanket
[blǽŋkit] 블랭킽
담요

lamp

lamp
[læmp] 램프
램프, 조명

closet

closet
[klɑ́zit] 클라짓
옷장

drawer

drawer
[drɔ́ːər] 드로-어
서랍

carpet

carpet
[kɑ́ːrpit] 카-핏
카펫, 양탄자

slipper

slipper
[slípər] 슬리퍼
실내화

photo

photo
[fóutou] 포우토우
사진

fan

fan
[fæn] 팬
선풍기

Bathroom 욕실

◈ 그림을 보며 단어를 익힌 후, 빈칸에 단어를 따라 써 보세요. 🎧 01

mirror

mirror
[mírər] 미러
거울

soap

soap
[soup] 쏘웁
비누

shampoo

shampoo
[ʃæmpúː] 섐푸-
샴푸

comb

comb
[koum] 콤
빗, 빗다

toothbrush

toothbrush
[túːθbrʌʃ] 투-스브러쉬
칫솔

toothpaste

toothpaste
[túːθpèist] 투-스페이스트
치약

bathtub

bathtub
[bǽθtʌb] 배스텁
욕조

toilet

toilet
[tɔ́ilit] 토일릿
변기

shower

shower
[ʃáuər] 샤워
샤워, 샤워기

towel

towel
[táuəl] 타월
수건, 타월

Kitchen 부엌

◈ 그림을 보며 단어를 익힌 후, 빈칸에 단어를 따라 써 보세요. 🎧 01

spoon

spoon
[spuːn] 스푸-ㄴ
숟가락, 스푼

fork

fork
[fɔːrk] 포-크
포크

knife

knife
[naif] 나이프
칼, 나이프

chopsticks

chopsticks
[tʃɑ́pstiks] 찹스틱스
젓가락

plate

plate
[pleit] 플레이트
접시, 요리

cup

cup
[kʌp] 컵
컵, 찻잔

kettle

kettle
[kétl] 케틀
주전자

stove

stove
[stouv] 스토우브
난로, 스토브

sink

sink
[siŋk] 싱크
싱크대

refrigerator

refrigerator
[rifrídʒərèitəːr] 리프리저레이터
냉장고

day 29 Thing 물건

◈ 그림을 보며 단어를 익힌 후, 빈칸에 단어를 따라 써 보세요. 🎧 01

ball
ball
[bɔːl] 볼-
공

doll
doll
[dɑl] 달
인형

toy
toy
[tɔi] 토이
장난감, 완구

box
box
[baks] 박스
박스, 박스

ribbon
ribbon
[ríbən] 리번
리본, 띠

umbrella
umbrella
[ʌmbrélə] 엄브렐러
우산

key
key
[kiː] 키-
열쇠, 키

vase
vase
[veis] 베이스
꽃병, 병

glasses
glasses
[glǽsiz] 글래시즈
안경

ring
ring
[riŋ] 링
반지, 고리

Act 행동

◆ 그림을 보며 단어를 익힌 후, 빈칸에 단어를 따라 써 보세요. 🎧 01

go
go
[gou] 고우
가다

come
come
[kʌm] 컴
오다

meet
meet
[miːt] 미ー트
만나다

stop
stop
[stɑːp] 스타ーㅂ
멈추다, 중지하다

stand
stand
[stænd] 스탠드
서다, 서 있다

sit
sit
[sit] 씨트
앉다

open
open
[óupən] 오우펀
열다

close
close
[klouz] 클로우즈
닫다

like
like
[laik] 라이크
~을 좋아하다

have
have
[hæv] 해브
가지다, 먹다

Family II 가족

◆ 그림을 보며 단어를 익힌 후, 빈칸에 단어를 따라 써 보세요. 🎧 01

husband

husband
[hʌ́zbənd] 허즈번드
남편

wife

wife
[waif] 와이프
아내

son

son
[sʌn] 썬
아들

daughter

daughter
[dɔ́ːtər] 도-터
딸

uncle

uncle
[ʌ́ŋkl] 엉클
삼촌

aunt

aunt
[ænt] 앤트
고모, 이모, 숙모

cousin

cousin
[kʌ́zn] 커즌
사촌

nephew

nephew
[néfjuː] 네퓨-
조카(남자)

niece

niece
[niːs] 니-스
조카(여자)

live

live
[liv] 리브
살다

People 사람들

◆ 그림을 보며 단어를 익힌 후, 빈칸에 단어를 따라 써 보세요. 🎧 01

baby
baby
[béibi] 베이비
아기

child
child
[tʃaild] 차일드
어린이

boy
boy
[bɔi] 보이
소년

girl
girl
[gəːrl] 거-얼
소녀

man
man
[mæn] 맨
남자

woman
woman
[wúmən] 우먼
여자

gentleman
gentleman
[dʒéntlmən] 젠틀먼
신사

lady
lady
[léidi] 레이디
숙녀

person
person
[pə́ːrsn] 퍼-슨
사람

people
people
[píːpl] 피-플
사람들

Number II 숫자

◈ 그림을 보며 단어를 익힌 후, 빈칸에 단어를 따라 써 보세요. 🎧 01

eleven

eleven
[ilévən] 일레븐
열하나

twelve

twelve
[twelv] 트웰브
열둘

thirteen

thirteen
[θəːrtíːn] 서-틴-
열셋

fourteen

fourteen
[fɔ́ːrtíːn] 포-틴-
열넷

fifteen

fifteen
[fiftíːn] 피프틴-
열다섯

sixteen

sixteen
[síkstíːn] 식스틴-
열여섯

seventeen

seventeen
[sév-əntíːn] 세븐틴-
열일곱

eighteen

eighteen
[éitíːn] 에이틴-
열여덟

nineteen

nineteen
[náintíːn] 나인틴-
열아홉

twenty

twenty
[twénti] 트웬티
스물

Feeling Ⅱ 감정

◈ 그림을 보며 단어를 익힌 후, 빈칸에 단어를 따라 써 보세요. 🎧 01

great

great
[greit] 그레이트
큰, 거대한, 기쁜

bad

bad
[bæd] 배드
불쾌한, 나쁜

scared

scared
[skɛə:rd] 스케어-드
겁이 난, 무서운

worry

worry
[wə́:ri] 워-리
걱정하다

need

need
[ni:d] 니-드
~을 필요로 하다

joyful

joyful
[dʒɔ́ifəl] 죠이플
즐거운

upset

upset
[ʌpsét] 업셋
화가 난

thirsty

thirsty
[θə́:rsti] 써-스티
목이 마른

hungry

hungry
[hʌ́ŋgri] 헝그리
배고픈

tired

tired
[taiərd] 타이어드
피곤한

3~4 학년

School II 학교

3-4 학년

day 05

◈ 그림을 보며 단어를 익힌 후, 빈칸에 단어를 따라 써 보세요. 01

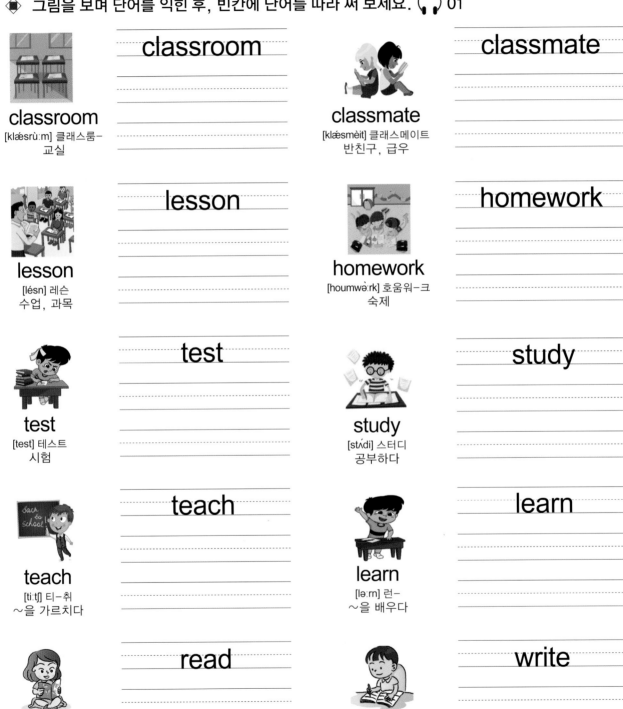

classroom

classroom
[klǽsrùːm] 클래스룸-
교실

classmate

classmate
[klǽsmèit] 클래스메이트
반친구, 급우

lesson

lesson
[lésn] 레슨
수업, 과목

homework

homework
[hóumwə̀ːrk] 호움워-크
숙제

test

test
[test] 테스트
시험

study

study
[stʌ́di] 스터디
공부하다

teach

teach
[tiːtʃ] 티-취
~을 가르치다

learn

learn
[ləːrn] 런-
~을 배우다

read

read
[riːd] 리-드
~을 읽다

write

write
[rait] 라이트
~을 쓰다

Subject 과목

◈ 그림을 보며 단어를 익힌 후, 빈칸에 단어를 따라 써 보세요. 🎧 01

Korean
[kəríːən] 커리-언
국어, 한국어

Korean

English
[íŋgliʃ] 잉글리쉬
영어

English

math
[mæθ] 매스
수학

math

science
[sáiəns] 사이언스
과학

science

art
[ɑːrt] 아-트
미술, 예술

art

music
[mjúːzik] 뮤-직
음악

music

history
[hístəri] 히스터리
역사

history

geography
[dʒiágrəfi] 쥐아그러피
지리

geography

sport
[spɔːrt] 스포-트
스포츠, 운동

sport

health
[helθ] 헬쓰
보건, 건강

health

3~4 학년

Math 수학

◆ 그림을 보며 단어를 익힌 후, 빈칸에 단어를 따라 써 보세요. 🎧 01

number

number
[nʌ́mbər] 넘버
번호, 수

plus

plus
[plʌs] 플러스
더하여

minus

minus
[máinəs] 마이너스
~을 뺀

once

once
[wʌns] 원스
한 번

twice

twice
[twais] 트와이스
두 번

zero

zero
[zí-ərou] 지어로우
영, 0

hundred

hundred
[hʌ́ndrəd] 헌드러드
백, 100

thousand

thousand
[θáuz-ənd] 사우전드
천, 1000

some

some
[sʌ́m] 썸
약간의

a lot of

a lot of
[ə lɑːt ʌv] 어 라-트 오브
많은

◈ 그림을 보며 단어를 익힌 후, 빈칸에 단어를 따라 써 보세요. 🎧 01

rocket
rocket
[rákit] 로킽
로켓

robot
robot
[róubət] 로우벝
로봇

graph
graph
[græf] 그래프
그래프

plant
plant
[plænt] 플랜트
식물

laboratory
laboratory
[lǽbərətɔ̀:ri]
래버러토-리
실험실

insect
insect
[ínsekt] 인섹트
곤충, 벌레

earth
earth
[ə:rθ] 어-쓰
지구

air
air
[ɛər] 에어
공기, 대기

stone
stone
[stoun] 스토운
돌

fire
fire
[faiər] 파이어
불

day 09

3-4 학년

Art 미술

◆ 그림을 보며 단어를 익힌 후, 빈칸에 단어를 따라 써 보세요. 🎧 01

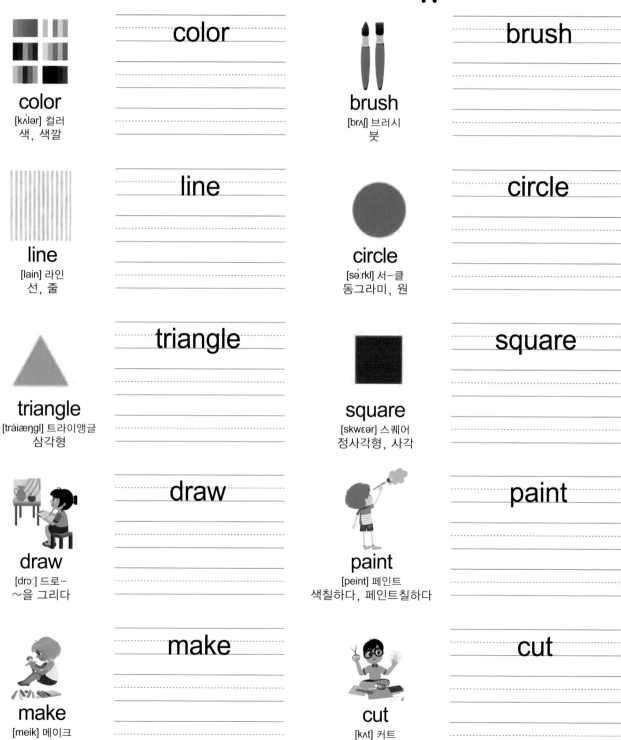

color
[kʌ́lər] 컬러
색, 색깔

color

brush
[brʌʃ] 브러시
붓

brush

line
[lain] 라인
선, 줄

line

circle
[sə́ːrkl] 서-클
동그라미, 원

circle

triangle
[tráiæŋgl] 트라이앵글
삼각형

triangle

square
[skwɛər] 스퀘어
정사각형, 사각

square

draw
[drɔː] 드로-
~을 그리다

draw

paint
[peint] 페인트
색칠하다, 페인트칠하다

paint

make
[meik] 메이크
~을 만들다

make

cut
[kʌt] 커트
~을 자르다

cut

184 그림으로 쉽게 배우는 초등 필수 영단어 900

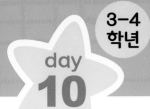

Music 음악

◈ 그림을 보며 단어를 익힌 후, 빈칸에 단어를 따라 써 보세요. 🎧 01

piano

piano
[piǽnou] 피애노우
피아노

guitar

guitar
[gitɑ́ːr] 기타-
기타(악기)

drum

drum
[drʌm] 드럼
드럼

violin

violin
[vàiəlín] 바이얼린
바이올린

cello

cello
[tʃélou] 첼로우
첼로

flute

flute
[fluːt] 플루-트
플루트

trumpet

trumpet
[trʌ́mpit] 트럼핏
트럼펫

play

play
[plei] 플레이
연주하다

sing

sing
[siŋ] 싱
노래하다

listen

listen
[lísn] 리슨
~을 듣다

day
11

Hobby 취미

◈ 그림을 보며 단어를 익힌 후, 빈칸에 단어를 따라 써 보세요. 🎧 01

favorite
favorite
[féivərit] 페이버릳
가장 좋아하는

hobby
hobby
[hábi] 하비
취미

cooking
cooking
[kúkiŋ] 쿠킹
요리

movie
movie
[múːvi] 무-비
영화

dance
dance
[dæns] 댄스
춤, 춤추다

camera
camera
[kæmərə] 캐머러
사진기, 카메라

kite
kite
[kait] 카이트
연

badminton
badminton
[bǽdmintən] 배드민턴
배드민턴

jogging
jogging
[dʒágin] 자깅
조깅, 달리기

travel
travel
[trǽvl] 트래블
여행, 여행하다

Meal 식사

◈ 그림을 보며 단어를 익힌 후, 빈칸에 단어를 따라 써 보세요. 01

breakfast

breakfast
[brékfəst] 브렉퍼스트
아침 식사

lunch

lunch
[lʌntʃ] 런취
점심 식사

dinner

dinner
[dínər] 디너
저녁 식사

egg

egg
[eg] 에그
달걀, 알

salad

salad
[sǽləd] 샐러드
샐러드

delicious

delicious
[dilíʃəs] 딜리셔스
맛있는

sweet

sweet
[swiːt] 스위-트
달콤한

bitter

bitter
[bítər] 비터
쓴

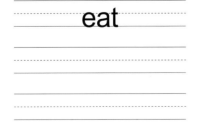

eat

eat
[iːt] 이-트
~을 먹다

drink

drink
[driŋk] 드링크
~을 마시다

Thing II 물건

◆ 그림을 보며 단어를 익힌 후, 빈칸에 단어를 따라 써 보세요. 🎧 01

can
[kæn] 캔
깡통, 캔

can

board
[bɔːrd] 보-드
널빤지, 판자

board

piece
[piːs] 피-스
조각, 부분

piece

glove
[glʌv] 글러브
장갑

glove

bat
[bæt] 밷
방망이, 배트

bat

album
[ǽlbəm] 앨범
앨범, 사진첩

album

crayon
[kréiən] 크레이언
크레용

crayon

candy
[kǽndi] 캔디
사탕

candy

plastic
[plǽstik] 플래스틱
플라스틱, 비닐의

plastic

block
[blɑk] 블락
덩어리, 블록

block

Flower 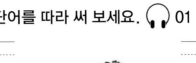 꽃

◆ 그림을 보며 단어를 익힌 후, 빈칸에 단어를 따라 써 보세요. 🎧 01

root
[ruːt] 루-트
뿌리

root

seed
[siːd] 시-드
씨앗

seed

stem
[stem] 스템
(식물의) 줄기

stem

leaf
[liːf] 리-프
나뭇잎

leaf

flower
[fláuər] 플라워
꽃

flower

sunflower
[sʌ́nflàuər] 선플라워
해바라기

sunflower

rose
[rouz] 로우즈
장미

rose

tulip
[tjúːlip] 튤-립
튤립

tulip

lily
[líli] 릴리
백합

lily

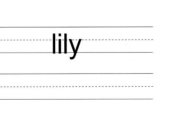

grow
[grou] 그로우
성장하다, 자라다

grow

3~4 학년

ZOO 동물원

◆ 그림을 보며 단어를 익힌 후, 빈칸에 단어를 따라 써 보세요. 🎧 01

giraffe

giraffe
[dʒəǽf] 쥐래프
기린

kangaroo

kangaroo
[kæŋgərú:] 캥거루-
캥거루

cheetah

cheetah
[tʃí:tə] 취-터
치타

iguana

iguana
[igwá:nə] 이그와-너
이구아나

deer

deer
[diər] 디어
사슴

camel

camel
[kǽməl] 캐멀
낙타

panda

panda
[pǽndə] 팬더
판다

owl

owl
[aul] 아울
올빼미, 부엉이

ostrich

ostrich
[ɔ́(:)stritʃ] 오-스트리치
타조

penguin

penguin
[péŋgwin] 펭귄
펭귄

Sea animal 바다동물

◆ 그림을 보며 단어를 익힌 후, 빈칸에 단어를 따라 써 보세요. 🎧 01

whale
[weil] 웨일
고래

whale

shark
[ʃɑːrk] 샤-크
상어

shark

dolphin
[dɑ́lfin] 달핀
돌고래

dolphin

seal
[siːl] 실-
물개, 바다표범

seal

squid
[skwid] 스퀴드
오징어

squid

octopus
[ɑ́ktəpəs] 악터퍼스
문어

octopus

crab
[kræb] 크랩
게

crab

lobster
[lɑ́bstər] 랍스터
바닷가재

lobster

shrimp
[ʃrimp] 쉬림프
새우

shrimp

starfish
[stɑ́ːrfiʃ] 스타-피쉬
불가사리

starfish

3~4학년

Insect 곤충

◈ 그림을 보며 단어를 익힌 후, 빈칸에 단어를 따라 써 보세요. 🎧 01

butterfly

butterfly
[bʌ́tərflài] 버터플라이
나비

bee

bee
[bi:] 비-
벌

dragonfly

dragonfly
[drǽgənflài]
드래건플라이
잠자리

beetle

beetle
[bí:tl] 비-틀
딱정벌레

ladybug

ladybug
[léidi bʌg] 레이디버그
무당벌레

ant

ant
[ænt] 앤트
개미

grasshopper

grasshopper
[grǽs-hàpər]
그래스하퍼
메뚜기

fly

fly
[flai] 플라이
파리

mosquito

mosquito
[məskí:tou] 모스키-토우
모기

spider

spider
[spáidər] 스파이더
거미

Job II 직업

◆ 그림을 보며 단어를 익힌 후, 빈칸에 단어를 따라 써 보세요. 🎧 01

president

president
[prézidənt] 프레지던트
대통령

astronaut

astronaut
[ǽstrənɔ̀ːt] 애스트러노-트
우주비행사

singer

singer
[síŋər] 씽어
가수

dancer

dancer
[dǽnsər] 댄서
무용가

firefighter

firefighter
[faiər fáitər]
파이어파이터
소방관

reporter

reporter
[ripɔ́ːrtər] 리포-터
기자, 리포터

businessman

businessman
[bíznismæ̀n] 비즈니스맨
사업가

driver

driver
[dráivər] 드라이버
운전사

actor

actor
[ǽktər] 액터
배우

lawyer

lawyer
[lɔ́ːjəːr] 로-이어-
변호사

Time 시간

◆ 그림을 보며 단어를 익힌 후, 빈칸에 단어를 따라 써 보세요. 🎧 01

calendar

calendar
[kǽlindər] 캘린더
달력

date

date
[deit] 데이트
날짜

second

second
[sék-ənd] 세컨드
초

minute

minute
[mínit] 미닛
분

hour

hour
[áuər] 아우어
시간

day

day
[dei] 데이
날, 하루, 낮

week

week
[wiːk] 위-크
주

month

month
[mʌnθ] 먼스
달, 월

season

season
[síːzn] 씨-즌
계절

year

year
[jiəːr] 이어
년

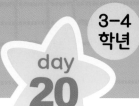

day 20 · 3-4학년

Week 주

◆ 그림을 보며 단어를 익힌 후, 빈칸에 단어를 따라 써 보세요. 🎧 01

Monday

Monday
[mʌ́ndi] 먼디
월요일

Tuesday

Tuesday
[tjúːzdi] 튜–즈디
화요일

Wednesday

Wednesday
[wénzdi] 웬즈디
수요일

Thursday

Thursday
[θə́ːrzdi, -dei] 서–스디
목요일

Friday

Friday
[fráidi] 프라이디
금요일

Saturday

Saturday
[sǽtəːrdi] 세터–디
토요일

Sunday

Sunday
[sʌ́ndi] 선디
일요일

weekend

weekend
[wíːkènd] 위–켄드
주말

work

work
[wəːrk] 웍–ㅋ
일하다

rest

rest
[rest] 레스트
휴식, 쉬다

3~4 학년

초등 필수 영단어 900 실용편 **195**

day
21

Month 달, 월

◆ 그림을 보며 단어를 익힌 후, 빈칸에 단어를 따라 써 보세요. 🎧 01

January

January
[dʒǽnjuèri] 제뉴에리
1월

February

February
[fébruèri] 페브루어리
2월

March

March
[mɑːrtʃ] 마-치
3월

April

April
[éiprəl] 에이프럴
4월

May

May
[mei] 메이
5월

June

June
[dʒuːn] 준-
6월

July

July
[dʒuːlái] 줄-라이
7월

August

August
[ɔ́ːgəst] 어-거스트
8월

September

September
[səptémbər] 셉템버
9월

October

October
[ɑktóubər] 악토우버
10월

Season 계절

◆ 그림을 보며 단어를 익힌 후, 빈칸에 단어를 따라 써 보세요. 01

November

November
[nouvémbər] 노우벰버-
11월

December

December
[disémbər] 디셈버
12월

spring

spring
[spriŋ] 스프링
봄

summer

summer
[sʌ́mər] 써머
여름

autumn

autumn
[ɔ́:təm] 오-텀
가을

winter

winter
[wíntər] 윈터
겨울

holiday

holiday
[hɑ́lədèi] 할러데이
휴가, 공휴일

vacation

vacation
[veikéiʃən] 베이케이션
방학, 휴가

fine dust

fine dust
[fain dʌst] 파인 더스트
미세먼지

freeze

freeze
[frí:z] 프리-즈
얼다

Location 위치

◆ 그림을 보며 단어를 익힌 후, 빈칸에 단어를 따라 써 보세요. 🎧 01

in front of
[in frʌnt ʌv]
인 프런트 오브
~의 앞에

in front of

behind
[biháínd] 비하인드
~의 뒤에

behind

next to
[nekst tu] 넥스트 투
~의 옆에

next to

top
[tap] 탑
꼭대기

top

middle
[mídl] 미들
중간, 한가운데

middle

bottom
[bátəm] 바텀
밑바닥

bottom

corner
[kɔ́ːrnər] 코-너
모퉁이, 구석

corner

end
[end] 엔드
끝, 마지막

end

here
[hiər] 히어
이곳, 여기에

here

there
[ðɛ́ər] 데어
그곳, 거기에

there

Town 마을

◆ 그림을 보며 단어를 익힌 후, 빈칸에 단어를 따라 써 보세요. 🎧 01

store
[stɔːr] 스토-어
가게, 상점

store

restaurant
[réstərənt] 레스터런트
식당, 음식점

restaurant

bakery
[béikəri] 베이커리
빵집, 제과점

bakery

church
[tʃəːtʃ] 쳐-취
교회

church

library
[láibrèri] 라이브레리
도서관

library

hospital
[háspitl] 하스피틀
병원

hospital

drugstore
[drʌ́gstɔːr] 드럭스토-어
약국

drugstore

theater
[θíːətər] 씨-어터
극장, 영화관

theater

bank
[bæŋk] 뱅크
은행

bank

post office
[póustɔːfis] 포우스트 오-피스
우체국

post office

City 도시

◈ 그림을 보며 단어를 익힌 후, 빈칸에 단어를 따라 써 보세요. 🎧 01

building
[bíldiŋ] 빌딩
건물, 빌딩

building

town
[taun] 타운
마을

town

company
[kʌ́mpəni] 컴퍼니
회사

company

pool
[puːl] 푸-울
수영장

pool

park
[paːrk] 파-크
공원

park

airport
[ɛ́ərpɔ̀ːrt] 에어포-트
공항, 비행장

airport

factory
[fǽktəri] 팩터리
공장

factory

museum
[mjuːzíːəm] 뮤-지-엄
박물관

museum

police station
[pəlíːs stéiʃ-ən]
펄리-스 스테이션
경찰서

police station

zoo
[zuː] 주-
동물원

zoo

Nation 국가

◈ 그림을 보며 단어를 익힌 후, 빈칸에 단어를 따라 써 보세요. 🎧 01

Korea

Korea
[kərí:ə] 커리-어
한국

Japan

Japan
[dʒəpǽn] 저팬
일본

China

China
[tʃáinə] 차이너
중국

India

India
[índiə] 인디어
인도

America

America
[əmérikə] 어메리커
미국

Germany

Germany
[dʒə́:rməni] 저-머니
독일

England

England
[íŋglənd] 잉글런드
영국

France

France
[fræns] 프랜스
프랑스

Italy

Italy
[ítəli] 이터리
이탈리아

world

world
[wə:rld] 월-드
세계

Castle 성

◆ 그림을 보며 단어를 익힌 후, 빈칸에 단어를 따라 써 보세요. 🎧 01

kingdom
[kíŋdəm] 킹덤
왕국

kingdom

king
[kiŋ] 킹
왕

king

queen
[kwiːn] 퀴ーㄴ
여왕

queen

prince
[prins] 프린스
왕자

prince

princess
[prínsis] 프린시스
공주

princess

flag
[flæg] 플래그
깃발

flag

gate
[geit] 게이트
문

gate

wall
[wɔːl] 월ー
벽

wall

stair
[stɛər] 스테어
계단

stair

garden
[ɡάːrdn] 가ー든
정원

garden

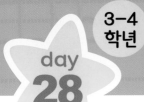
Clothes II 옷

◆ 그림을 보며 단어를 익힌 후, 빈칸에 단어를 따라 써 보세요. 🎧 01

cap
[kæp] 캡
모자

cap

belt
[belt] 벨트
허리띠, 벨트

belt

vest
[vest] 베스트
조끼

vest

sweater
[swétər] 스웨터
스웨터

sweater

coat
[kout] 코우트
코트

coat

button
[bʌtn] 버튼
단추, 버튼

button

pocket
[pákit] 파킷
주머니

pocket

shorts
[ʃɔːrts] 쇼-츠
반바지

shorts

boots
[buːts] 부-츠
부츠, 장화

boots

wear
[wɛər] 웨어
입다

wear

3~4 학년

Looks 모습

◆ 그림을 보며 단어를 익힌 후, 빈칸에 단어를 따라 써 보세요. 🎧 01

young

[jʌŋ] 영
젊은

young

old

[ould] 오울드
나이 든

old

strong

[strɔːŋ] 스트롱-
튼튼한

strong

weak

[wiːk] 위-크
약한

weak

hard

[hɑːrd] 하-드
단단한, 어려운

hard

soft

[sɔːft] 소-프트
부드러운

soft

dirty

[déːrti] 더-티
더러운

dirty

clean

[kliːn] 클린-
깨끗한

clean

thick

[θik] 딕
두꺼운

thick

thin

[θin] 씬
얇은

thin

Act II 행동

◈ 그림을 보며 단어를 익힌 후, 빈칸에 단어를 따라 써 보세요. 🎧 01

start

start
[stɑːrt] 스타-트
시작하다, 시작되다

finish

finish
[finiʃ] 피니쉬
~을 끝내다, 끝마치다

move

move
[muːv] 무-브
~을 움직이다,
옮기다

continue

continue
[kəntínjuː] 컨티뉴-
계속하다

call

call
[kɔːl] 콜-
부르다, 전화하다

walk

walk
[wɔːk] 웍-
걷다, 산책하다

ride

ride
[raid] 라이드
~을 타다

put

put
[put] 풋
~을 놓다, 두다

fall

fall
[fɔːl] 포-ㄹ
떨어지다, 넘어지다

help

help
[help] 헬프
~을 돕다

Restaurant 식당

◆ 그림을 보며 단어를 익힌 후, 빈칸에 단어를 따라 써 보세요. 🎧 01

dish

dish
[diʃ] 디쉬
요리, 접시

meat

meat
[miːt] 미-트
고기

soup

soup
[suːp] 쑤-프
수프

beef

beef
[biːf] 비-프
소고기

chicken

chicken
[tʃíkin] 치킨
닭고기, 닭

sugar

sugar
[ʃúgər] 슈거
설탕

salt

salt
[sɔːlt] 솔-트
소금

pepper

pepper
[pépər] 페퍼
후추

waiter

waiter
[wéitər] 웨이터
종업원, 웨이터

pay

pay
[pei] 페이
지불하다

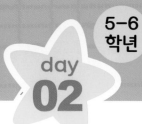

Market 시장

◈ 그림을 보며 단어를 익힌 후, 빈칸에 단어를 따라 써 보세요. 🎧 01

market

market
[mάːrkit] 마-킫
시장

shop

shop
[ʃɑp] 샵
상점, 가게

item

item
[άitəm] 아이텀
물품, 상품

choose

choose
[tʃuːz] 츄-즈
~을 고르다, 선택하다

price

price
[prais] 프라이스
값, 가격

free

free
[friː] 프리-
무료의, 자유로운

cheap

cheap
[tʃiːp] 치-프
값이 싼, 저렴한

expensive

expensive
[ikspénsiv] 익스펜시브
비싼, 고가의

buy

buy
[bai] 바이
~을 사다, 구입하다

sell

sell
[sel] 셀
~을 팔다

5~6 학년

Birthday 생일

◈ 그림을 보며 단어를 익힌 후, 빈칸에 단어를 따라 써 보세요. 🎧 01

cake

cake
[keik] 케익
케이크

candle

candle
[kǽndl] 캔들
초, 양초

gift

gift
[gift] 기프트
선물

age

age
[eidʒ] 에이쥐
나이

invite

invite
[inváit] 인바이트
초대하다

visit

visit
[vízit] 비짓
방문하다

bring

bring
[briŋ] 브링
~을 가져오다

surprise

surprise
[səpráiz] 서프라이즈
놀라다, 놀람

celebrate

celebrate
[séləbrèit] 셀러브레이트
축하하다

laugh

laugh
[læf] 래프
웃다

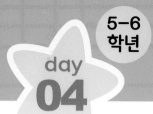

Shape 모양

◈ 그림을 보며 단어를 익힌 후, 빈칸에 단어를 따라 써 보세요. 🎧 01

big

big
[big] 빅
큰, 커다란

small

small
[smɔːl] 스모-ㄹ
작은

long

long
[lɔːŋ] 로-ㅇ
긴

short

short
[ʃɔːrt] 쇼-트
짧은, 키가 작은

wide

wide
[waid] 와이드
넓은, 폭이 넓은

narrow

narrow
[nǽrou] 네로우
좁은, 폭이 좁은

same

same
[seim] 세임
같은, 똑같은

oval

oval
[óuvəl] 오벌
타원형의, 타원형

rectangular

rectangular
[rektǽŋgjələːr] 렉텡귤러
직사각형

cylinder

cylinder
[sílindər] 실린더
원통, 원기둥

Idea 생각

◆ 그림을 보며 단어를 익힌 후, 빈칸에 단어를 따라 써 보세요. 🎧 01

correct

correct
[kərékt] 커렉트
올바른, 옳은

wrong

wrong
[rɔ́ːŋ] 롱-
틀린, 잘못된

think

think
[θiŋk] 씽크
~을 생각하다

guess

guess
[ges] 게스
추측하다

forget

forget
[fərgét] 퍼겥
~을 잊다

remember

remember
[rimémbər] 리멤버
~을 기억하다

plan

plan
[plæn] 플랜
계획, 계획하다

hope

hope
[houp] 호웁
희망, 기대

dream

dream
[driːm] 드림-
꿈, 희망, 꿈꾸다

know

know
[nou] 노우
~을 알다

Health 건강

◈ 그림을 보며 단어를 익힌 후, 빈칸에 단어를 따라 써 보세요. 🎧 01

sick
[sik] 식
병이 난, 아픈

sick

hurt
[həːrt] 허-트
아프다, 다치다

hurt

fever
[fíːvər] 피-버
열

fever

cough
[kɔ(ː)f] 코-프
기침

cough

chest
[tʃest] 체스트
가슴

chest

stomach
[stʌ́mək] 스터먹
위

stomach

heart
[hɑːrt] 하-트
심장

heart

medicine
[médəs-ən] 메더선
약

medicine

life
[laif] 라이프
삶, 생명

life

die
[dai] 다이
죽다

die

day 07 Mountain 산

◆ 그림을 보며 단어를 익힌 후, 빈칸에 단어를 따라 써 보세요. 🎧 01

wood

wood
[wud] 우드
나무, 목재

rock

rock
[rɑk] 락
돌, 바위

hill

hill
[hil] 힐
언덕

pond

pond
[pɑnd] 판드
연못

waterfall

waterfall
[wɔˈtərfɔˌl] 워-터폴-
폭포

sign

sign
[sain] 사인
표지판

peak

peak
[piːk] 피-크
봉우리, 정상

echo

echo
[ékou] 에코우
메아리

forest

forest
[fɔ́ːrist] 포-리스트
숲

climb

climb
[klaim] 클라임
오르다, 등반하다

Camping 캠핑, 야영

◆ 그림을 보며 단어를 익힌 후, 빈칸에 단어를 따라 써 보세요. 🎧 01

group
[gruːp] 그룹-
집단, 무리

group

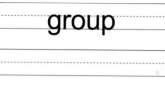

map
[mæp] 맵
지도

map

tent
[tent] 텐트
텐트

tent

flashlight
[flǽʃlàit] 플래시라이트
손전등

flashlight

pot
[pat] 팟
냄비

pot

site
[sait] 사이트
장소

site

grass
[græs] 그래스
잔디

grass

enjoy
[indʒɔ́i] 인조이
~을 즐기다

enjoy

leave
[liːv] 리-브
떠나다

leave

arrive
[əráiv] 어라이브
도착하다

arrive

5~6 학년

Condition 상태

그림을 보며 단어를 익힌 후, 빈칸에 단어를 따라 써 보세요. 🎧 01

quick

quick
[kwik] 퀵
빠른

slow

slow
[slou] 슬로우
느린

high

high
[hai] 하이
높은

low

low
[lou] 로우
낮은

quiet

quiet
[kwáiət] 콰이얼
조용한

noisy

noisy
[nɔ́izi] 노이지
시끄러운

easy

easy
[íːzi] 이-지
쉬운

difficult

difficult
[dífikʌ́lt] 디피컬트
어려운

dry

dry
[drai] 드라이
마른, 건조한

wet

wet
[wet] 웻
젖은

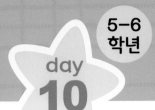
Daily schedule 일과

◆ 그림을 보며 단어를 익힌 후, 빈칸에 단어를 따라 써 보세요. 🎧 01

wake

wake
[weik] 웨이크
일어나다

exercise

exercise
[éksərsàiz] 엑서사이즈
운동, 연습하다

wash

wash
[wɑːʃ] 와-쉬
~을 씻다

hurry

hurry
[hə́ːri] 허-리
서두르다

say

say
[sei] 세이
말하다

do

do
[duː] 두-
하다

drive

drive
[draiv] 드라이브
운전하다

get

get
[get] 겟
얻다

use

use
[juːs] 유-스
~을 사용하다

sleep

sleep
[sliːp] 슬리-ㅍ
자다

Airplane 비행기

◆ 그림을 보며 단어를 익힌 후, 빈칸에 단어를 따라 써 보세요. 🎧 01

pilot

pilot
[páilət] 파일럳
조종사

passenger

passenger
[pǽsəndʒər] 패선저
승객

crew

crew
[kruː] 크루-
승무원

seat

seat
[siːt] 씨-트
좌석

passport

passport
[pǽspɔ̀ːrt] 패스포-트
여권

ticket

ticket
[tíkit] 티킫
표, 입장권

suitcase

suitcase
[súːtkèis] 수-트케이스
여행가방

wing

wing
[win] 윙
날개

runway

runway
[rʌ́nwèi] 런웨이
활주로

fly

fly
[flai] 플라이
비행하다, 날다

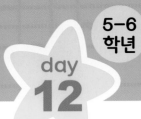
Travel 여행

◈ 그림을 보며 단어를 익힌 후, 빈칸에 단어를 따라 써 보세요. 🎧 01

station
[stéiʃən] 스테이션
역, 정거장

station

snack
[snæk] 스낵
간식, 스낵

snack

game
[geim] 게임
게임, 경기

game

street
[striːt] 스트리-트
거리

street

bridge
[bridʒ] 브릿쥐
다리

bridge

city
[síti] 시티
도시

city

country
[kʌ́ntri] 컨트리
시골, 나라

country

wait
[weit] 웨이트
기다리다

wait

begin
[bigín] 비긴
시작하다, 시작되다

begin

stay
[stei] 스테이
머무르다

stay

Beach 해변

◆ 그림을 보며 단어를 익힌 후, 빈칸에 단어를 따라 써 보세요. 🎧 01

hat

hat
[hæt] 햍
모자

sunglasses

sunglasses
[sʌnglǽsiz] 선글래시즈
선글라스

sunscreen

sunscreen
[sʌ́nskriːn] 선스크린-
자외선 차단제

bottle

bottle
[bάtl] 바틀
병

sand

sand
[sænd] 샌드
샌드

ocean

ocean
[óuʃən] 오우션
바다

wave

wave
[weiv] 웨이브
파도

break

break
[breik] 브레이크
휴식시간, 쉼

lie

lie
[lai] 라이
눕다, 거짓말하다

swim

swim
[swim] 스윔
수영하다

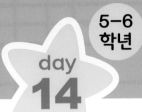

Personality 성격

◆ 그림을 보며 단어를 익힌 후, 빈칸에 단어를 따라 써 보세요. 🎧 01

curious

curious
[kjúəriəs] 큐리어스
궁금한, 호기심 많은

brave

brave
[breiv] 브레이브
용감한, 씩씩한

shy

shy
[ʃai] 샤이
수줍어하는

careful

careful
[kέərfəl] 케어펄
주의깊은, 조심성 있는

honest

honest
[ánist] 아니스트
정직한

polite

polite
[pəláit] 펄라이트
예의바른

kind

kind
[kaind] 카인드
친절한

funny

funny
[fʌ́ni] 퍼니
재미있는

smart

smart
[smɑːrt] 스마ー트
똑똑한, 영리한

foolish

foolish
[fúːliʃ] 풀ー리쉬
어리석은

Sense 감각

◆ 그림을 보며 단어를 익힌 후, 빈칸에 단어를 따라 써 보세요. 🎧 01

see

see
[siː] 씨-
~을 보다

hear

hear
[hiər] 히어
~을 듣다

smell

smell
[smel] 스멜
냄새,
~한 냄새가 나다

taste

taste
[teist] 테이스트
맛, ~한 맛이 나다

feel

feel
[fiːl] 필-
느끼다

touch

touch
[tʌʧ] 터취
촉각, ~을 만지다

hot

hot
[hat] 핫
뜨거운, 더운

cold

cold
[kould] 코울드
차가운, 추운

warm

warm
[wɔːrm] 워-엄
따뜻한

cool

cool
[kuːl] 쿨-
시원한

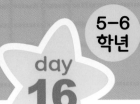

Playground 운동장

◆ 그림을 보며 단어를 익힌 후, 빈칸에 단어를 따라 써 보세요. 🎧 01

slide

slide
[slaid] 슬라이드
미끄럼틀

slide

swing

swing
[swiŋ] 스윙
그네

swing

hide

hide
[haid] 하이드
숨다, ~을 숨기다

hide

find

find
[faind] 파인드
~을 찾다

find

jump

jump
[dʒʌmp] 점프
뛰다, 뛰어오르다

jump

shout

shout
[ʃaut] 샤우트
외치다, 소리치다

shout

throw

throw
[θrou] 쓰로우
~을 던지다

throw

catch

catch
[kætʃ] 캐취
~을 잡다

catch

hit

hit
[hit] 힏
~을 치다, 때리다

hit

kick

kick
[kik] 킥
~을 발로 차다

kick

Park II 공원

◆ 그림을 보며 단어를 익힌 후, 빈칸에 단어를 따라 써 보세요. 🎧 01

picnic

picnic
[píknik] 피크닉
소풍

bench

bench
[bentʃ] 벤취
벤치, 긴의자

fountain

fountain
[fáuntin] 파운틴
분수, 분수대

trash can

trash can
[træʃ kæn] 트래쉬캔
쓰레기통

balloon

balloon
[bərúːn] 버룬-
풍선

field

field
[fiːld] 필-드
들판

kid

kid
[kid] 키드
아이

run

run
[rʌn] 런
달리다, 뛰다

smile

smile
[smail] 스마일
미소를 짓다

relax

relax
[rilǽks] 릴랙스
쉬다, 긴장을 풀다

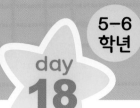
Exercise 운동

◆ 그림을 보며 단어를 익힌 후, 빈칸에 단어를 따라 써 보세요. 🎧 01

gym

gym
[ʤim] 짐
체육관

sportswear

sportswear
[spɔ́ːrtsweˌr] 스포ー츠웨어
운동복

mat

mat
[mæt] 매트
매트

warm-up

warm-up
[wɔ́ːrmʌp] 워ー므업
준비운동

roll

roll
[roul] 로울
구르다

jump rope

jump rope
[dʒʌmp roup] 점프 로우프
줄넘기, 줄넘기하다

ready

ready
[rédi] 레디
준비가 된

turn

turn
[təːrn] 터ー언
돌다

push

push
[puʃ] 푸쉬
~을 밀다, 찌르다

pull

pull
[pul] 풀
~을 잡아당기다, 끌어당기다

Time 시간

◈ 그림을 보며 단어를 익힌 후, 빈칸에 단어를 따라 써 보세요. 🎧 01

early

early
[ə́:rli] 어-리
일찍

late

late
[leit] 레이트
늦게

noon

noon
[nu:n] 눈-
정오, 낮2시

tonight

tonight
[tənáit] 터나잇
오늘밤

today

today
[tədéi] 터데이
오늘

tomorrow

tomorrow
[təmɔ́:rou] 터모-로우
내일

yesterday

yesterday
[jéstərdèi] 예스터데이
어제

past

past
[pæst] 패스트
과거

present

present
[préznt] 프레즌트
현재, 선물

future

future
[fjú:tʃər] 퓨-쳐
미래

Direction 방향

◈ 그림을 보며 단어를 익힌 후, 빈칸에 단어를 따라 써 보세요. 🎧 01

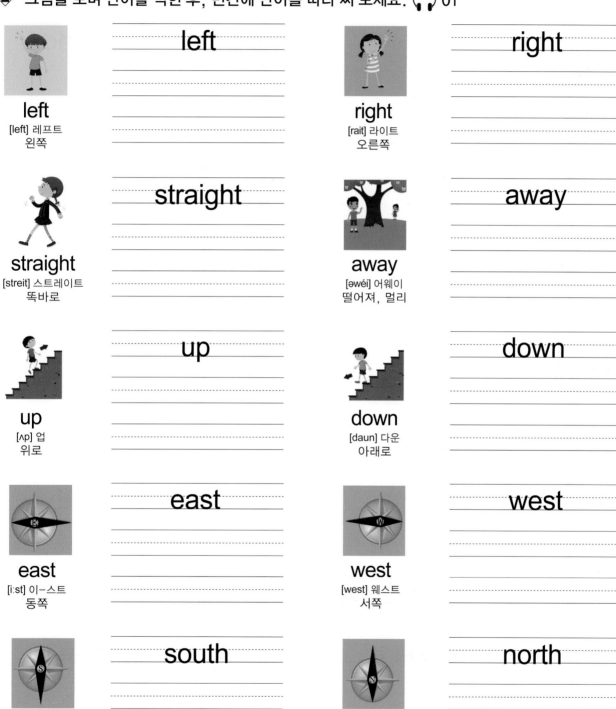

left
[left] 레프트
왼쪽

left

right
[rait] 라이트
오른쪽

right

straight
[streit] 스트레이트
똑바로

straight

away
[əwéi] 어웨이
떨어져, 멀리

away

up
[ʌp] 업
위로

up

down
[daun] 다운
아래로

down

east
[i:st] 이-스트
동쪽

east

west
[west] 웨스트
서쪽

west

south
[sauθ] 싸우쓰
남쪽

south

north
[nɔ:rθ] 노-쓰
북쪽

north

Ordinal 서수

◆ 그림을 보며 단어를 익힌 후, 빈칸에 단어를 따라 써 보세요. 🎧 01

first
[fə:rst] 퍼-스트
첫번째의

first
_____
_____
_____
_____

second
[sék-ənd] 세컨드
두번째의

second
_____
_____
_____
_____

third
[θə:rd] 서-드
세번째의

third
_____
_____
_____
_____

fourth
[fɔ:rə] 포-쓰
네번째의

fourth
_____
_____
_____
_____

fifth
[fifə] 피프쓰
다섯번째의

fifth
_____
_____
_____
_____

sixth
[siksə] 식스스
여섯번째의

sixth
_____
_____
_____
_____

seventh
[sév-ənə] 세번스
일곱번째의

seventh
_____
_____
_____
_____

eighth
[eitə] 에잇스
여덟번째의

eighth
_____
_____
_____
_____

ninth
[nainə] 나인스
아홉번째의

ninth
_____
_____
_____
_____

tenth
[tenə] 텐스
열번째의

tenth
_____
_____
_____
_____

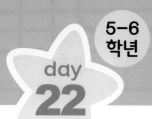

◈ 그림을 보며 단어를 익힌 후, 빈칸에 단어를 따라 써 보세요. 🎧 01

fur

fur
[fəːr] 퍼-
털

tail

tail
[teil] 테일
꼬리

beak

beak
[biːk] 비-ㅋ
부리

fin

fin
[fin] 핀
지느러미

home

home
[houm] 호움
집, 가정

special

special
[spéʃəl] 스페셜
특별한

cute

cute
[kjuːt] 큐-트
귀여운

want

want
[wɔːnt] 워-ㄴ트
~을 원하다

keep

keep
[kiːp] 키-프
(동물을)기르다, 키우다

feed

feed
[fiːd] 피-드
~에게 먹이를 주다

5~6 학년

Conversation 대화

◈ 그림을 보며 단어를 익힌 후, 빈칸에 단어를 따라 써 보세요. 🎧 01

problem

problem
[prábləm] 프라블럼
문제

communicate

communicate
[kəmjúːnəkèit] 커뮤-너케이트
대화를 하다

both

both
[bouθ] 보우쓰
둘 다, 쌍방

give

give
[giv] 기브
~을 주다

take

take
[teik] 테이크
받다, 잡다

agree

agree
[əgríː] 어그리-
동의하다, 일치하다

fight

fight
[fait] 파이트
싸우다

phone

phone
[foun] 포운
전화, 전화를 하다

talk

talk
[tɔːk] 토-크
이야기하다

chat

chat
[tʃæt] 챗
수다

◈ 그림을 보며 단어를 익힌 후, 빈칸에 단어를 따라 써 보세요. 🎧 01

name
[neim] 네임
이름

address
[ədrés] 어드레스
주소

stamp
[stæmp] 스탬프
우표

mail
[meil] 메일
우편, 우편물

letter
[létər] 레터
편지

parcel
[pá:rsəl] 파―설
소포

pack
[pæk] 팩
포장하다, 싸다

send
[send] 센드
~을 보내다

deliver
[dilívər] 딜리버
배달하다

receive
[risí:v] 리시―브
~을 받다

Lesson 수업

 01

그림을 보며 단어를 익힌 후, 빈칸에 단어를 따라 써 보세요. 01

idea

idea
[aidíːə] 아이디-어
생각, 의견

word

word
[wəːrd] 워-드
낱말, 단어

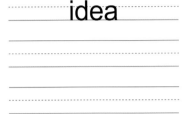

sentence

sentence
[séntəns] 센턴스
문장

story

story
[stɔ́ːri] 스토-리
이야기

ask

ask
[æsk] 애스크
묻다, 질문하다

answer

answer
[ǽnsər] 앤서
대답, 대답하다

spell

spell
[spel] 스펠
철자를 쓰다

repeat

repeat
[ripíːt] 리피-트
반복하다

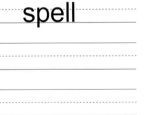

practice

practice
[prǽktis] 프랙티스
연습, ~을 연습하다

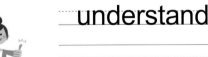

understand

understand
[ʌ́ndərstǽnd] 언더스탠드
~을 이해하다

Bank 은행

◆ 그림을 보며 단어를 익힌 후, 빈칸에 단어를 따라 써 보세요. 🎧 01

account

account
[əkáunt] 어카운트
계좌

money

money
[mʌ́ni] 머니
돈

gold

gold
[gould] 고울드
금, 금의

silver

silver
[sílvər] 실버
은, 은의

rich

rich
[ritʃ] 리취
부자의, 부유한

poor

poor
[puər] 푸어
가난한

count

count
[kaunt] 카운트
세다

exchange

exchange
[ikstʃéindʒ] 익스체인지
교환하다

borrow

borrow
[bɔ́(:)rou] 버-로우
~을 빌리다, 차용하다

save

save
[seiv] 세이브
~을 저축하다, 구하다

5~6 학년

Event 행사

◆ 그림을 보며 단어를 익힌 후, 빈칸에 단어를 따라 써 보세요. 🎧 01

card

card
[kɑːrd] 카-드
카드

party

party
[pɑ́ːrti 파-티
파티

birthday

birthday
[bə́ːrɵdèi] 버-쓰데이
생일, 탄생일

anniversary

anniversary
[æ̀nəvə́ːrsəri] 애너버-서리
기념일

concert

concert
[kɑ́nsəːrt] 칸서-트
콘서트

festival

festival
[féstəvəl] 페스터벌
축제

show

show
[ʃou] 쇼우
보여주다, 쇼

welcome

welcome
[wélkəm] 웰컴
환영하다

marry

marry
[mǽri] 매리
~와 결혼하다

please

please
[pliːz] 플리-즈
기쁘게 하다

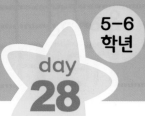

Quantity 수량

◆ 그림을 보며 단어를 익힌 후, 빈칸에 단어를 따라 써 보세요. 🎧 01

all
[ɔːl] 올–
모두, 전부

all

most
[moust] 모우스트
대부분의, 대부분

most

many
[méni] 메니
(수)가 많은

many

much
[mʌʧ] 머취
(양)이 많은

much

few
[fjuː] 퓨–
(수)가 거의 없는

few

little
[lítl] 리틀
(양)이 거의 없는, 작은

little

half
[hæf] 해프
반, 2분의 1

half

enough
[inʌ́f] 이너프
충분한

enough

empty
[émpti] 엠프티
빈, 비어 있는

empty

fill
[fil] 필
~을 채우다

fill

day 29

육하 원칙

Five w's and one H

◆ 그림을 보며 단어를 익힌 후, 빈칸에 단어를 따라 써 보세요. 🎧 01

who

who
[huː] 후-
누구

where

where
[hwɛər] ㅎ웨어
어디

how

how
[hau] 하우
얼마나, 어떻게

always

always
[ɔ́ːlweiz] 올-웨이즈
늘, 언제나, 항상

often

often
[ɔ́ːftn] 오-픈
자주, 종종

when

when
[hwen] ㅎ웬
언제

what

what
[hwɑt] ㅎ왙
무엇

why

why
[hwai] ㅎ와이
왜

usually

usually
[júːʒuəli] 유-주얼리
대채, 일반적으로

sometimes

sometimes
[sʌ́mtàimz] 썸타임즈
때때로

ActIII 행동

◆ 그림을 보며 단어를 익힌 후, 빈칸에 단어를 따라 써 보세요. 🎧 01

build

build
[bild] 빌드
짓다, 건축하다

cover

cover
[kʌ́vər] 커버
~을 가리다, 덮다

cross

cross
[krɔːs] 크로-스
~을 건너다

excuse

excuse
[ikskjúːz] 익스큐-즈
용서하다

join

join
[dʒɔin] 조인
참여하다, 가입하다

cry

cry
[krai] 크라이
울다, 외치다

spend

spend
[spend] 스펜드
~을 쓰다, 소비하다

chase

chase
[tʃeis] 체이스
뒤쫓다

win

win
[win] 윈
이기다, 승리하다

lose

lose
[luːz] 루-즈
지다, 잃다

5~6 학년